# Homilías/Homilies

Reflexiones Días de Precepto y de Misas Especiales

Reflections on Holy Days of Obligation and Special Masses

Ciclos/Cycles A/B/C

Diácono Francisco Enderle

Deacon Frank Enderle

ISBN 978-0-9831605-7-1

# Índice – Index

# Homilías/Homilies
## Reflexiones Días de Precepto y de Misas Especiales
## Reflections on Holy Days of Obligation and Special Masses
## Ciclos/Cycles A/B/C

## <u>INTRODUCCIÓN/INTRODUCTION</u>

En el año 2000, Monseñor Frank Friedl y Diácono Ed Macauley le pidieron al Diácono Francisco Enderle, que entonces era el Director Ejecutivo del Diaconado Permanente de la Arquidiócesis de Washington, que escribiese homilías en español para la página web, www.homiliesalive.com. Ya en el 2002, el Diácono Enderle, se había mudado a Harrisburg, Pensilvania después de dejar su puesto en la Arquidiócesis de Washington. En este mismo año empezó a publicar en su propio sitio de Internet, www.homilias.net, traducciones homilías en español con sus traducciones en español. En el año 2005, el diacono ya había escrito 3 libros de pasta blanda de reflexiones sobre las lecturas de las misas dominicales – para los años litúrgicos A, B y C. Ese mismo año, el diacono termino tres pequeños libros de pasta blanda de reflexiones sobre las lecturas de Días de Precepto para los tres años litúrgicos. El libro que tiene usted en la mano en este momento, es una ampliación de esos libros con reflexiones añadidas sobre misas para acontecimientos especiales tales como las exequias, bodas, quinceañeras, etc.

In the year 2000, Msgr. Francis Friedl and Deacon Ed Macauley asked Deacon Frank Enderle, who at that time was the Executive Director of the Permanent Diaconate in the Archdiocese of Washington, to write homilies in Spanish for their webpage, www.homiliesalive.com. By 2002, Deacon Enderle had moved to Harrisburg, Pennsylvania, had left his position with the Archdiocese of Washington. It was there that he began publishing Spanish homilies with translations in English on his own website www.homilies.net. This was one of the first websites in the United States to do so. By 2005, the deacon had written three paperback books of reflections for Sunday Masses – for liturgical years A, B and C. That same year he finished and published three smaller paperback books containing reflections for the readings on Holy Days of Obligation. The book you now have in your hands contains Holy Day reflections for the three liturgical years with others added in for masses which celebrate special events such as funerals, weddings, quinceañeras, etc.

Este libro contiene reflexiones en español, con sus traducciones al inglés. Fue escrito para los diáconos y sacerdotes que prefieren usar libros de papel con reflexiones para preparar sus homilías en vez de usar Internet para buscarlas. La diferencia entre este libro bilingüe y otros es que las homilías fueron escritas en español y traducidas al inglés y no al revés, como se suele hacer en otros libros. Esperamos que estos libros sean útiles tanto para los predicadores de habla Hispana como para los de habla inglesa que tienen que predicar en español.

This book contains Spanish homilies with English translations. It is published specifically for deacons and priests who prefer to read homily reflections in a paper book format rather than on the Internet. The difference between this bilingual book and others is that these homilies were originally written in Spanish and translated into English, not vice-versa, as in other books. We hope that these books will be useful to native Spanish speakers who preach as well as to native English speakers who find they must preach in Spanish.

## CICLO A - CYCLE A

## La Inmaculada Concepción

**Lecturas:1) Génesis 3, 9-15. 202) Efesios 1, 3-6. 11-123) Lucas 1, 26-38**

Queridos hermanos y hermanas, la fiesta de la Inmaculada Concepción que estamos celebrando es motivo de alegría. La devoción a la Santísima Virgen es una tradición muy arraigada en nuestros países. María es para nosotros, los católicos, algo muy especial. Ella es venerada con diferentes fiestas y avocaciones en todos los países del mundo.

Tenemos muchas razones para venerar a la Santísima Virgen. La razón más profunda que tenemos es porque ella fue elegida para ser la Madre de Dios. María tuvo una parte esencial en la obra de redención de la humanidad.

Para poder ser la Madre del Redentor, la Santísima Virgen fue preservada del Pecado Original por Dios desde el mismo instante de su concepción. Este es el dogma de la Inmaculada Concepción. El Evangelio de hoy, de una manera clara y evidente, nos confirma este hecho por mediación del Arcángel San Gabriel. En la Anunciación, el ángel saludó a María llamándola, "llena de gracia". Por siglos el pueblo judío había esperado un Mesías, pero no sabían en que tiempo ocurriría ni de qué forma. Cuando el plan de Dios llegó a su plenitud, escogió a María, una joven judía que Él había dotado de excepcionales dones y gracias incalculables, para ser la Madre del Hijo de Dios Encarnado. Para dar su asentimiento libre cuando escuchó el ángel, ella tenía que estar completamente libre de pecado y su alma llena de la gracia de Dios.

La Iglesia nos dice que María fue enriquecida por la gracia del Espíritu Santo y predestinada por Dios Padre desde toda la eternidad para ser la Madre del Hijo de Dios. Cuando rezamos el Credo decimos que Jesucristo se encarnó por obra del Espíritu Santo de María Virgen y se hizo hombre. Todos los católicos creemos firmemente que María no solamente fue preservada del Pecado Original, sino que permaneció sin pecado durante toda su vida. Por este hecho, y por ser la Madre de Dios, después de su muerte, fue elevada al cielo por su propio Hijo.

Comprendemos que algunos católicos, los que tienen poca fe, tengan dudas sobre la Inmaculada Concepción. Sin fe, o con una fe débil, es un hecho que sobrepasa toda comprensión. Desde los comienzos del cristianismo, el pueblo ha creído que Dios concedió dones y privilegios a la Virgen María. Uno de estos dones fue crearla inmaculada en su concepción. O sea, el pueblo ya creía en la Inmaculada Concepción mucho antes del 8 de diciembre de 1854 cuando el Papa Pío IX proclamó oficialmente este dogma de fe.

La Primera Lectura nos explica que después de cometer Adán y Eva el Pecado Original, a pesar de haber desobedecido a Dios, Él les prometió que un descendiente suyo vencería al Maligno. Dios decidió que la Segunda Persona de la Santísima Trinidad se iba hacer hombre para poder redimir al género humano del pecado. Para este plan de salvación Dios escogió a la Virgen María para ser la Madre del Salvador. Por eso decimos que desde la eternidad María, la Madre de Cristo, ha ocupado, y siempre ocupará, un puesto central en el plan salvífico de Dios. Sin su asentimiento no hubiera sucedido la Encarnación del Hijo de Dios. Y sin la Encarnación el género humano no hubiera sido salvado del pecado.

# The Immaculate Conception

**Readings: 1) Genesis 3:9-15, 202) Ephesians 1:3-6, 11-123) Luke 1:26-38**

My dear brothers and sisters, the feast of the Immaculate Conception that we are celebrating today is a cause for joy. Devotion to the Most Blessed Virgin is a tradition that is firmly rooted in our countries. Mary is for us Catholics something very special. She is venerated on different feast days and with different titles in all the countries of the world.

We have many reasons to venerate the Most Blessed Virgin. The most profound of these is because she was chosen to be the Mother of God. Mary played a special part in the redemption of humanity.

For her to be the Mother of the Redeemer, the Most Holy Virgin was preserved free from Original Sin by God from the first moment of her conception. That is the dogma of the Immaculate Conception. The Gospel Reading today, in a very clear and evident manner, bears out this fact through the words of the Archangel Saint Gabriel. At the Annunciation, the angel greeted Mary, calling her, "full of grace." For centuries, the Jewish people had awaited a Messiah but they did not know when or how he would come. When God's plan reached its fullness, he chose Mary, a young Jewish girl who he had endowed with exceptional gifts and incalculable graces, to be the Mother of the Incarnate Son of God. For her to give her consent freely when she heard the angel, she had to be completely free of sin and her soul filled with the grace of God.

The Church tells us that Mary was enriched with the grace of the Holy Spirit and predestined by God the Father from all eternity to be the Mother of the Son of God. When we pray the Creed, we say that Jesus Christ took on flesh by the power of the Holy Spirit of the Virgin Mary and became man. All Catholics firmly believe that Mary was not only preserved from Original Sin but that she remained without sin during her entire life. Because of this, and because she was the Mother of God, after her death she was assumed into heaven by her own Son.

We know that some Catholics, those that have little faith, have doubts about the Immaculate Conception. Without faith, or with a faith that is weak, it is a fact that goes beyond comprehension. From the beginnings of Christianity, the common people have believed that God granted gifts and privileges to the Virgin Mary. One of those was making her immaculate in her conception. In other words, the common people already believed in the Immaculate Conception long before December 8, 1854 when Pope Pius IX officially proclaimed this to be a dogma of faith.

The First Reading explains to us that after Adam and Eve committed the Original Sin, despite having disobeyed, God promised them that a descendent of theirs would overcome the Evil One. God decided that the Second Person of the Most Holy trinity would become a human being so that he could redeem the human race from sin. For this plan of salvation God chose the Virgin Mary to be the Mother of the Savior. For that reason, we say that from eternity, Mary, the Mother of Christ, has occupied a central part in God's plan of salvation. Without her consent the Incarnation of the Son of God would not have taken place. And without the Incarnation, the human race would not have been saved from sin.

Mary, because of her obedience and love of God, became the New Eve, the Mother of all living beings. For this reason, all of us Christians should love her and honor her, bearing in mind that if we persevere in our love of her, she will help us to reach our salvation.

# Navidad

**Esta homilía se puede usar en cualquiera de las Misas de Navidad.**

Antes de comenzar la homilía, quiero desearles a todos ustedes, de todo corazón, una feliz Navidad.

La Natividad de Nuestro Señor es una de las celebraciones que vivimos la humanidad entera, indistintamente si somos católicos o de cualquier otra religión. Después de terminar el tiempo de Adviento, temporada corta porque solamente incluye cuatro domingos y que, por naturaleza, es austera, al llegar la Navidad nuestra alegría y gozo brotan como las flores después de un largo invierno cuando llega la primavera. Ningún ser humano, pobre o rico, se siente indiferente ante estos días llenos de grandeza y esplendor. Pero, aunque es la misma celebración para todos, los católicos la vivimos mucho más intensamente.

Estamos aquí reunidos celebrando el nacimiento del Niño Dios. En su Evangelio, San Lucas nos dice cómo aconteció este hecho, aunque la mayoría de nosotros ya lo tenemos en nuestras mentes y en nuestros corazones. Nos dice que en aquellos días las autoridades Romanas promulgaron un edicto ordenando hacer un censo de todo el mundo Romano. María y José vivían en Galilea, pero José era de la estirpe de David así que les correspondía empadronarse en Belén, el pueblo donde había nacido el Rey David. La Virgen se encontraba en estado avanzado de gestación y presentía que su alumbramiento estaba próximo. Ante la imposibilidad de encontrar una posada, y llegado su tiempo, la Virgen María dio a luz al Mesías esperado en un establo. Lo envolvió en pañales y lo acostó en un pesebre.

En aquella región había algunos pastores que pasaban la noche al aire libre, velando por turno su rebaño. Y a esos pastores fue a quien el ángel del Señor les comunicó la Buena Noticia de que en la ciudad de nacimiento de David había nacido el Mesías. En una noche como hoy, hace más de dos mil años, una de las noches más grandiosas de toda la humanidad, y solamente unas personas humildes y pobres supieron del gran acontecimiento. En la actualidad, millones de seres humanos celebramos año tras año el nacimiento del que vino a redimirnos del pecado.

Hoy empiezan las fiestas navideñas. Todos sabemos que son largas e intensas, especialmente para las amas de casa. Días de mucho trabajo e incluso tensión. Debido a eso, es importante tomarlas tal y como son: fiestas donde el centro debe ser Cristo. Y dentro de nuestras celebraciones con familiares y amigos, siempre debemos tratar de que predomine el sosiego y la paz. No debemos dejarnos influenciar por el torbellino de la demanda, ruidos y frenesí que el mundo ha conseguido hacer de estas fiestas y que, en vez de darnos tranquilidad, nos traen agobio y cansancio.

La Navidad es para vivirla en armonía con la Palabra de Dios, para vivirla en la amistad y el amor. Las familias y amigos vienen a visitarnos y compartimos con ellos dulces y regalos. Es también un tiempo de prestar menos atención a lo que nos ofrecen las tiendas y la televisión y pensar un poco más en los que, durante estas fiestas, se sienten solos, incomprendidos e incluso con hambre.

Durante esta temporada navideña, meditemos en lo que el Verbo Encarnado, con su nacimiento, trajo a toda la humanidad. Antes de su nacimiento la humanidad estaba en tinieblas y con su llegada trajo luz y esperanza al mundo. Y esa es la esperanza que debe reinar en nosotros y en nuestras familias durante esta temporada de fiestas. Pidamos a la Santísima Virgen, la Madre de Dios, que nos alcance de su Hijo unas fiestas placenteras en su amor.

# Christmas

**This homily may be used for any of the Christmas Masses.**

Before I begin this homily, I would like to wish all of you, from the heart, a Merry Christmas.

The Nativity of Our Lord is one of the celebrations that all of humanity lives out, whether we are Catholics or members of some other religion. After we finish the Advent season, a short period because it only includes four Sundays and which, by its nature, is austere, when Christmas arrives our happiness and our joy bloom like flowers after a long winter when spring arrives. No human being, poor or rich, feels indifferent when it comes to these days filled with greatness and splendor. But even though this is the same celebration for all of us, we Catholics live it much more intensely.

We are gathered here together celebrating the birth of the God Child. In his Gospel, Saint Luke tells us how this event took place, even though most us already know this in our minds and in our hearts. He tells us that in those days the Roman authorities promulgated an edict ordering that a census be taken of the entire Roman world. Mary and Joseph lived in Galilee but Joseph was of the line of David so they had to go to Bethlehem, the town in which King David had been born, to register. The Virgin was in an advanced stage of pregnancy and she knew that her time had come to give birth. Since an inn could not be found and the time had arrived, the Virgin Mary gave birth to the awaited Messiah in a stable. She wrapped him in swaddling clothes and laid him in a manger.

In that region, there were shepherds who were living in the fields keeping the night watch over their flock. And those shepherds were the ones to whom the angel of the Lord announced the Good News that in David's birthplace the Messiah had been born. On a night like today, more than two thousand years ago, one of the greatest nights of all humanity, and only a few poor and humble people knew about this great event. Today, millions of human beings celebrate, year after year, the birth of the one who came to redeem us from sin.

Today the Christmas season begins. We all know that these days are long and intense, especially for home makers. Days of much work and even tension. Because of this, it is important to take them as they are: days to celebrate in which the center of attention should be Christ. And within the contest of our celebrations with family and friends, we should always try to have a calm and peaceful atmosphere. Let us not be influenced by the whirlwind of demand, noise, and frenzy that the world has made of these holidays and which, instead of bringing us peace, bring exhaustion and weariness.

Christmas is for living in harmony with the Word of God, for living in friendship and love. Families and friends come to visit us and we share with them sweets and gifts. It is also a time to pay less attention to what the stores and television offer us and think a little more about those who during these holidays feel lonely, misunderstood, and even hungry.

During this Christmas season, let us meditate on what the Incarnate Word, with his birth, brought to all humanity. Before his birth, humanity was in darkness and with his arrival he brought light and hope to the world. And it is that hope that should reign in us and in our families during this holiday season. Let us ask the Most Blessed Virgin, the Mother of God, to obtain for us from her Son holidays that are pleasant and filled with love.

# Santa María, Madre de Dios

**Lecturas:1) Números 6, 22-272) Gálatas 4, 4-73) Lucas 2, 16-21**

Estamos aquí reunidos celebrando, con esta Santa Misa, la Octava de la Natividad del Señor, la Solemnidad de Santa María, Madre de Dios. Antes de comenzar la homilía, quiero desearles a todos ustedes que este año que comienza les traiga salud, paz y crecimiento en el conocimiento de Dios. Hoy, además de ser un día grande para la Iglesia y para todos nosotros, es un día para meditar sobre el año que termina y el año que comienza. Es día de sentirnos alegres y felices pensando que, si comenzamos bien, terminaremos bien. Debemos centrar todos nuestros buenos propósitos en un seguimiento sincero a nuestro Salvador, Jesucristo, el único que salva. A través de la solemnidad de hoy, la Iglesia nos pide contemplar las Sagradas Escrituras, donde nos dicen que la Virgen María concibió y engendró al Niño Dios por obra del Espíritu Santo. En nuestras comunidades, observamos el cariño tan grande que se tiene a la Santísima Virgen, Madre de Toda la Humanidad.

Además de considerar el papel que la Virgen tuvo en el misterio de Cristo, debemos contemplar su lugar en el misterio de la Iglesia y cómo ella estuvo asociada al plan salvífico de Dios. Reconocemos que María es la Madre de Cristo y, por consiguiente, es la Madre de Dios. También es la Madre de la Iglesia, que es el Cuerpo de Cristo. Aquí quiero enfatizar, y dejar claro, que el papel de María, como Madre de la Iglesia y Madre de la Humanidad, de ninguna manera hace sombra a Cristo o lo disminuye. Por el contrario, el amor que profesamos, de una manera honrada y sincera, a nuestra Santísima Madre, la Virgen María, manifiesta y subraya el amor que tenemos a Cristo. Recordemos que el género humano solamente pudo ser salvado por el sacrificio que Cristo padeció en su propia carne. Y fue a través de la concepción milagrosa y el nacimiento de Jesús que Dios subrayó, a la vez, la divinidad y la humanidad de su Hijo. La Maternidad de la Virgen María es un hecho que muestra y respalda la milagrosa redención de toda la humanidad.

Con el día de hoy comenzamos un año nuevo y ninguno aquí presente tenemos ni una pequeña idea de lo que este año nos deparará. Pero sí podemos estar seguros que, en lo bueno y en lo malo de cada día, la Santísima Virgen siempre estará a nuestro lado y estará de nuestra parte. Si la imploramos, podemos tener la certeza que contaremos siempre con su ayuda.

San Pablo en la Segunda Lectura dice, que, al llegar la plenitud de los tiempos, envió Dios a su Hijo, "nacido de una mujer, nacido bajo la ley". Cristo nació, y se hizo hombre igual que nosotros. Tomó la naturaleza humana en las entrañas purísimas de la Virgen. Es natural que, como cristianos, veneremos y amemos a la Santísima Virgen. Ella fue elevada por Dios a la dignidad de ser la Madre de nuestro Salvador. El mismo Cristo nos dio el privilegio de llamarla Madre. En la Cruz, Jesús le dijo a Juan, "He aquí a tu madre". A través de los siglos, desde los tiempos de los Apóstoles, la Iglesia ha enseñado que, de esta manera sencilla, y con pocas palabras, Nuestro Señor hizo a la Virgen María, Madre de Toda la Humanidad.

Hay personas que tienen mucha incertidumbre sobre el misterio de la Encarnación. Pero cualquiera puede instruirse y aumentar su conocimiento y su fe cogiendo la Santa Biblia, como nos aconseja la Iglesia, y leyendo sobre las raíces bíblicas de la devoción Mariana que todo cristiano debe tener. En el relato de la vida, muerte y resurrección de nuestro Señor Jesucristo, encontrarán todo lo necesario para conocer la misión primordial que tuvo la Santísima Virgen en la historia de la salvación de la humanidad.

# Mary the Mother of God

**Readings:1) Numbers 6:22-272) Galatians 4:4-73) Luke 2:16-21**

We are gathered here together celebrating, with this Holy Mass, the Octave of the Nativity of the Lord, the Solemnity of Holy Mary, Mother of God. Before I begin this homily, I want to wish for all of you, that this year that begins will bring you health, peace, and growth in the knowledge of God. Today, besides being a great day for the Church and for us, is a day to meditate on the year that ends and the year that begins. It is a day to feel happy and joyful thinking that, if it starts well, it will surely end well. We should center our good resolutions on a sincere following of our Savior, Jesus Christ, the only one who can save. Through the solemnity today, the Church asks us to contemplate on Holy Scripture, where it says that the Virgin Mary conceived and gave birth to the God Child through the work of the Holy Spirit. In our communities, we observe the love that is so great for the Most Holy Virgin, the Mother of All Humanity.

Besides considering the role that the Virgin had in the mystery that is Christ, we should contemplate her role in the mystery of the Church and how she was associated to God's plan for salvation. We recognize that Mary is the Mother of Christ and therefore the Mother of God. She is also the Mother of the Church, which is the Body of Christ. Here I want to emphasize, and make clear, that the role of Mary, as Mother of the Church and Mother of Humanity, does not in any way overshadow Christ or demean him. On the contrary, the love that we profess, in an honorable and sincere way, for our Most Blessed Mother, the Virgin Mary, manifests and underscores the love that we have for Christ. We should remember that humanity could only be saved through the sacrifice that Christ suffered in his own flesh. And it was through the miraculous conception and birth of Jesus that God underscored, at the same time, the divinity, and the humanity of his Son. The Maternity of the Virgin Mother is a fact that highlights and supports the miraculous redemption of all humanity.

Today we begin a New Year and no one here present has the slightest idea of what this New Year will offer. But we can be sure that in the good and the bad of every day, the Most Holy Virgin will always be at our side and will be on our side. If we ask her, we can be sure that we can count on her help.

Saint Paul in the Second Reading says that when the fullness of time had arrived, God sent his Son, "born of a woman, born under the law." Christ was born and he became man, just like us. He took on human nature in the pure womb of the Virgin. It is natural for us, as Christians, to venerate and to love the Most Holy Virgin. She was raised up by God to the dignity of being the Mother of our Savior. Christ himself gave us the privilege of calling her Mother. On the Cross, Christ said to John, "Here is your mother." And through the centuries, from the time of the Apostles, the Church has taught that in this simple manner, with just a few words, Our Lord made the Virgin Mary, the Mother of All Humanity.

There are people who are very uncertain about the mystery of the Incarnation. But anyone can learn and broaden his or her knowledge and faith by taking up the Holy Bible, as the Church recommends we do, and reading about the biblical roots of the devotion to Mary that all Christians should have. In the story of the life, death, and resurrection of our Lord, Jesus Christ, he or she will find all that is needed to understand the fundamental mission that the Blessed Virgin had in the history of the salvation of humanity.

# La Resurrección de Nuestro Señor y Salvador Jesucristo

**Esta homilía se puede usar en cualquiera de las Misas de Domingo de Resurrección.**

¡Cristo ha resucitado! ¡Aleluya!

La palabra, "aleluya", significa "alaba a Dios". ¡Dichosos serán los que le siguen y le alaban! Ningún otro acontecimiento ha sido reconocido y registrado en la historia del mundo comparable al que tuvo lugar aquella mañana del Domingo de Resurrección cuando las mujeres descubrieron que el sepulcro de Nuestro Señor estaba vacío. Sin embargo, la gloriosa Resurrección de Nuestro Salvador, Jesucristo, solamente puede ser reconocida por la fe. Con la Resurrección de Cristo nace una nueva etapa en la historia salvífica de la humanidad, un nuevo capítulo en la historia del amor que Dios siente por nosotros.

Los Apóstoles, Pedro y Juan, avisados por las mujeres, que fueron las primeras en descubrir este gran acontecimiento, llegaron corriendo, casi sin aliento, hasta el sepulcro vacío de Jesús. Juan llegó primero porque era más joven que Pedro. San Juan enfatiza en su Evangelio que no debemos temer, que el Señor está con nosotros. Los discípulos que comprobaron que el sepulcro estaba vacío pasaron del más angustioso momento de miedo a la más excitable alegría. ¡Jesús no estaba allí! Así que había resucitado, como dijo.

Los cristianos siempre debemos tener presente que la Resurrección de Cristo no es solamente un hecho histórico, como muchos lo pintan. Ya hace más de dos mil años que este hecho grandioso ocurrió. Cada cristiano tiene que ver, en este hecho, el misterio de la redención del género humano y, por consiguiente, nuestra propia redención. Jesucristo vive hoy, y cada día de nuestra vida, con nosotros. Al resucitar, cambió radicalmente la historia de la humanidad, cambió todo el sentido de la fe y la religiosidad del pueblo de Dios. Esta Resurrección gloriosa y triunfante de Cristo confirma, palpablemente, todo lo que había dicho, hecho y enseñado durante toda su vida aquí en la tierra. Y nos confirma aún mucho más: su autoridad, su proveniencia divina y también su poder absoluto sobre la muerte y la vida. Lo había prometido. Y cumplió con su promesa.

A nivel personal, los cristianos tenemos siempre, y especialmente hoy, gran motivo para alegrarnos. Esta triunfante Resurrección de Nuestro Señor nos muestra dos aspectos del Misterio Pascual que son primordiales para nuestra vida personal. El Pregón Pascual nos ha afirmado que, con su Resurrección, Cristo nos salvó de la oscuridad del pecado. Nos ha dado la oportunidad de compartir el amor de Dios, que es la gracia del Espíritu Santo. Algunos cristianos no cogen esta oportunidad. Siguen en pecado y se justifican ellos mismos aferrándose, cada día más, a esa vida de pecado, despreciando el concepto de la sobreabundancia de gracia y la misericordia de Dios. Se disculpan diciendo, "Dios perdona todo". De esa manera caminan por la vida tranquilos, almacenando pecado tras pecado. Claro está, que Dios perdona todo, pero para que lo haga hay que pedirle perdón. Tiene que haber propósito de enmienda. No se puede ir a confesar por la mañana y por la tarde o la noche volver al pecado. La misericordia de Dios es infinita. Pero cuidado con reírnos de Él, haciendo nuestro propio antojo, despreciando sus mandamientos y sus enseñanzas.

La celebración del día de hoy, la Resurrección Gloriosa de Nuestro Señor, Jesucristo, nos invita a transformarnos, a intentar superarnos en lo espiritual cada día, a ser respetuosos y constantes en nuestro compromiso con Él.

# The Resurrection of Our Lord and Savior Jesus Christ

**This homily may be used in any of the Masses on Easter.**

Christ has risen! Alleluia!

The word, "alleluia," means "praise God." Happy are those who follow him and praise him! No other event has been recognized and recorded in the history of the world comparable to the one that took place on that morning of Easter Sunday when the women discovered that the tomb of Our Lord was empty. Nevertheless, the glorious Resurrection of Our Savior, Jesus Christ, can only be recognized, as such, through faith. With the Resurrection of Christ is born a new era in the salvation history of humanity, a new chapter in the history of love that God feels for us.

The apostles, Peter and John, advised by the women who were the first ones to discover this great event, ran up, almost out of breath, to the empty tomb of Jesus. John arrived first because he was younger than Peter. Saint John emphasizes in his Gospel that we should not fear, that the Lord is with us. The disciples who verified that the tomb was empty went from the most heartbreaking moments of fear to the most excited joy. Jesus was not there! So, he had arisen, as he said he would.

We Christians should always remember that the Resurrection is not only an historic event, as many say it is. More than two thousand years have passed since this great event took place. Each Christian should see, in this event, the mystery of the redemption of humanity and, therefore, our own redemption. Jesus Christ lives today, and every day of our lives, with us. When he rose from the dead, he radically changed human history; he changed the course of faith and religion of the people of God. This glorious and triumphant Resurrection of Christ confirms, clearly, all that he said, did and taught during his life here on earth. And it confirms even more: his authority, his divine origin and his absolute power over death and life. He promised he would do it. And he kept his promise.

On a personal level, we Christians have always had, but especially today, a great reason to be joyful. This triumphant Resurrection of Our Lord shows us two aspects of the Paschal Mystery that are fundamental for our personal lives. The Easter Proclamation has confirmed to us that, by his Resurrection, Christ saved us from the darkness of sin. And he has given us an opportunity to share in the love of God, which is the grace of the Holy Spirit. Some Christians do not take advantage of this opportunity. They continue to sin and they justify their actions embracing, more and more every day, that life of sin, scorning the concept of the super abundance of grace and the mercy of God. They justify themselves by saying, "God forgives everything." In this way, they go on with their lives calmly, piling up sin after sin. Of course, God does pardon every sin, but, for this to happen, pardon must be sought. There must be a resolution to change. One cannot confess in the morning and by the afternoon or the evening return to sinning. The mercy of God is infinite. But let us be careful not to try to deceive him, doing what we choose to do, scorning his commandments and his teachings.

Today's celebration, the Glorious Resurrection of Our Lord, Jesus Christ, is an invitation to transform our lives, to try to better our spiritual lives every day, to respect and be true to the promises we have had to him.

# La Ascensión

**Lecturas:  1) Hechos 1, 1-11 2) Efesios 1, 17-233) Mateo 28, 16-20**

Al celebrar la fiesta de hoy, la Ascensión del Señor al Cielo, estamos celebrando el tiempo en que su vida terrena había llegado a la plenitud.  Este día es uno de los días grandiosos que tiene nuestra Iglesia.  Un domingo perfecto para celebrarlo con alegría.

El Señor debía dejar a los apóstoles para volver al Padre.  Ellos lo sabían y se encontraban tristes.  Se encaminaron a Galilea al monte donde Jesús los había citado.  Al ver al Maestro se postraron.  Pero hubo algunos, por lo que nos dice el Evangelio, que vacilaron, demostrando que aún su fe era débil o que se avergonzaban de ella.  Esto mismo está ocurriendo actualmente a muchos católicos dentro de la iglesia.  Es por eso que observamos con frecuencia y con gran pesar como algunas personas pasan ante el sagrario, donde se encuentra Nuestro Señor en el Santísimo Sacramento, y dudan en hacer la genuflexión.  Al final hacen un garabato o no hacen nada.  Incluso muchos de los que pasan por el altar para cumplir algún ministerio tampoco lo hacen, demostrando su poca fe y su poco respeto al Redentor.

Tal día como hoy, hace muchísimos años, Cristo ascendió al cielo en presencia de sus apóstoles.  Ellos tuvieron la dicha de verlo resucitado, de contemplar su ascensión gloriosa y de compartir muchos más acontecimientos de su vida.  Antes de ascender al Padre, el Señor les dijo: "se me ha dado pleno poder en el cielo y en la tierra".  Siempre tuvo pleno poder, pero fue en ese día cuando comunicó ese poder a los apóstoles.  Y fue también en ese día cuando les envió a evangelizar, "En el nombre del Padre y del Hijo y del Espíritu Santo".  O sea, en nombre de la Santísima Trinidad, les encomendó que enseñaran todo lo que Él les había mandado.  Y les comunicó una noticia de gran felicidad que a ellos les dio fortaleza y confianza.  Fue cuando les dijo: "Yo estaré con vosotros todos los días hasta el fin del mundo".  Esta misma promesa también el Señor nos la da a todos nosotros y debe darnos confianza y fortaleza sabiendo que Él está entre nosotros y que estará hasta el final de los tiempos.

Después de la Ascensión, los apóstoles iniciaron su ministerio.  Y ese ministerio, administrar la Iglesia como vicarios de Cristo, durará hasta su Segunda y Última Venida, cuando el Señor retornará al son de trompetas y con todo su poder.  Él ya no está en la tierra físicamente de la misma manera que estuvo durante su vida terrenal, pero está presente en la Sagrada Eucaristía en los sagrarios de cada Iglesia Católica.  Tener que ver cómo personas pasan ante Él como si allí no hubiera nadie es como para echarse a llorar.

Las lecturas del día de hoy, un día grande en el año litúrgico de nuestra Iglesia, nos deben hacer desear los bienes de arriba, los que el Señor nos ha prometido.  Las lecturas nos han mostrado que Cristo, en toda su gloria, está sentado a la derecha de Dios Padre.  Leyendo las escrituras comprobaremos hechos concretos que nos ayudarán a meditar en los diferentes episodios de la vida terrena de Jesús, como su triunfante Resurrección venciendo a la muerte, su gloriosa Ascensión al cielo, y esa promesa que nos hace a todos los católicos, asegurándonos que él estará siempre con nosotros.

Recapacitando en estos hechos, ¿cómo podemos dejarnos vencer por lo que el mundo promete?  Tenemos a Jesús muy cerca de nosotros al que siempre podemos recurrir para cualquier ayuda.  Lo tenemos constantemente en el Santísimo Sacramento.  Recapacitemos seriamente sobre estas promesas que nos hace Nuestro Señor y que nunca debemos despreciar.

# The Ascension

**Readings: 1) Acts 1:1-112) Ephesians 1:17-233) Matthew 28:16-20**

As we celebrate the feast today, the Ascension of the Lord into Heaven, we are celebrating a time when his earthly life had reached its fullness. This day is one of the great days that our Church has. A Sunday that is perfect for celebrating with joy.

The Lord had to leave the apostles to return to his Father. They knew it and they were sad. They set out to Galilee to the mountain where Jesus had said he would meet them. When they saw the Master, they bowed down. But some of them, from what the Gospel Reading tells us, were doubtful, showing that their faith was still weak or that they were ashamed of it. This same thing is occurring now to many Catholics in church. It is for this reason that we oftentimes and with great heartache see that some people, when they pass before the tabernacle where Our Lord is in the Blessed Sacrament, are doubtful about genuflecting. In the end, they do some sort of sketchy movement or they don't do anything. Even though many of those who pass before the altar do so to do some ministry, they don't even genuflect, showing their little faith and lack of respect for the Redeemer.

On a day like today, many years ago, Christ ascended into heaven in the presence of his apostles. They had the good fortune of seeing him after his resurrection, of contemplating his glorious ascension and of sharing many more events in his life. Before he ascended to the Father, the Lord said to them: "All power in heaven and earth has been given to me." He always had all power but it was on this day that he communicated this power to his apostles. And it was also on this day when he sent them to evangelize, "In the name of the Father, and of the Son, and of the Holy Spirit." In other words, in the name of the Most Holy Trinity he charged them with teaching all that he had ordered. And he told them something that gave them great happiness and that strengthened them and gave them confidence. It was when he said to them: "I will be with you every day until the end of the world." This same promise Christ also makes to all of us and it should give us confidence and strength to know that he is here among us and that he will stay until the end of time.

After the Ascension, the apostles began their ministry. And that ministry, to administer the Church as vicars of Christ, will go on until the Second and Last Coming, when the Lord will return at the sound of trumpets and in all his glory. He is no longer present on the earth physically in the same way that he was here during his earthly life but he is present in the Holy Eucharist in the tabernacles of each Catholic Church. To have to see how some people pass before him as if no one was there is enough to make us want to cry.

The readings today, a great day in the liturgical year of our Church, should make us want the goods of above, those that the Lord has promised to us. The readings show us that Christ, in all his glory, is seated at the right hand of God the Father. Reading the scriptures, we can verify concrete events that should help us to meditate on the different episodes of the earthly life of Jesus, such as his triumphant Resurrection conquering death, his glorious Ascension into heaven, and that promise that he makes to all Catholics, assuring us that he will be with us always.

Contemplating these events, how can we allow ourselves to be won over by what the world promises? We have Jesus very close to us, to whom we can always resort for whatever need we may have. We have him constantly in the Most Blessed Sacrament. Let us contemplate seriously the promises that Our Lord makes and that we should never scorn.

# La Asunción

**Lecturas: 1) Apocalipsis 11, 19a; 12, 1-6a. 10ab2) 1 Corintios 15:20-273) Lucas 1, 39-56**

Estamos celebrando la Asunción de la Santísima Virgen al cielo. Este día es uno de los más importantes del año litúrgico para nosotros, los católicos. Sabemos que Dios otorgó a la Madre del Verbo Encarnado inmensos privilegios. La Asunción corona todos los demás. Aunque la creencia en este dogma de fe se remonta al primer siglo después de Cristo, el Papa Pío XII, el 1 de noviembre de 1950, proclamó oficialmente que la Asunción de María, en cuerpo y alma al cielo, es dogma de fe. Este acontecimiento fue celebrado por miles de católicos en la Plaza de San Pedro en Roma. Estaba rebosante. No cabía ni una persona más. Esto nos demuestra el amor tan grande que en el mundo hay por María Santísima.

Entre los católicos hay mucho amor y veneración a la Santísima Virgen. He dicho veneración, no adoración, porque hay confusión en esto. Recalco esto porque últimamente, en algunos católicos, hay dudas. Dudas que pueden venir porque están escuchando enseñanzas contradictorias a las de nuestra fe sobre la Virgen María. Tengamos cuidado con no dejarnos engañar por las sectas protestantes que atacan constantemente no solo a nuestra Iglesia sino también, y mucho, a Nuestra Madre Amantísima. Ellos niegan el papel crucial que la Virgen tuvo en el plan salvífico de Dios. La Oración Colecta que hemos escuchado al comenzar esta Santa Misa nos ha invitado a meditar cómo Dios elevó a María a la dignidad de Madre de su Hijo. El que se llama seguidor de Cristo y rechaza a la Madre de Dios está faltando a la verdad. María es el camino más corto para llegar a Cristo. Ella nos acerca a su Hijo. Venerar a María es esencial en la vida de un cristiano. Además de ser la Madre de Jesús es también nuestra Madre. Fue la primera cristiana que escuchó la Buena Nueva de la liberación de toda la humanidad del pecado y la primera persona que nunca dudó en Jesucristo, su Hijo y el Hijo de Dios. Siempre estuvo junto Él en lo bueno y en lo malo. Incluso permaneció al pie de la cruz, presenciando la muerte atroz de su propio Hijo.

La fiesta de María Asunta es fiesta primordial para todo cristiano. Ella ha sido elevada por Dios en cuerpo y alma al cielo: un hecho que nos reafirma nuestra propia resurrección. Ya desde los tiempos de los primeros cristianos, se creyó firmemente que Jesucristo no podía permitir que su Madre padeciera la corrupción del sepulcro. María padeció la muerte, como todos la vamos a padecer, pero ella no fue sometida a la prisión del sepulcro. En el mismo instante de su muerte fue elevada al cielo por su propio Hijo, Nuestro Señor Jesucristo. Al ser glorificada en cuerpo y alma, recibió con antelación el inmenso premio que recibirán todos los resucitados destinados al cielo después del Último Juicio. Dios le dio este inmenso privilegio porque ella había sido concebida sin Pecado Original y durante su vida terrena, al igual que su Hijo Jesucristo, nunca pecó. Ella no tenía por qué sufrir la separación del cuerpo y el alma que ocurre cuando mueren los seres humanos que es consecuencia del Pecado Original.

Desde el día de su asunción al cielo, La Santísima Virgen cuida de todos sus hijos que estamos aquí en la tierra. Intercede ante su hijo por toda la humanidad. Protege la Santa Iglesia que su Hijo fundó y es consuelo de todo pecador que recurre a ella. Amar y venerar a la Santísima Virgen es mucho más que llevar una medalla al cuello. Jesucristo nos pide para su Madre, fidelidad, amor y respeto. Y la Virgen nos pide que amemos a su Hijo por encima de todo, que guardemos sus mandamientos y que si recibimos el Cuerpo y la Sangre de su Hijo lo hagamos con dignidad y con el alma limpia.

Recurramos a ella siempre, invocándola en todas nuestras necesidades, pidiéndole ayuda cuando nos sintamos enfermos, cansados, agobiados o con poca fe.

# The Assumption

**Readings: 1) Revelation 11:19a; 12:1-6a; 10ab2) 1 Corinthians 15:20-273) Luke 1:39-56**

We are celebrating the Assumption of the Most Blessed Virgin into heaven. This day is one of the most important days in the liturgical year for us Catholics. We know that God gave to the Mother of the Incarnate Word immense privileges. The Assumption crowns all the rest. Even though belief in this dogma of faith goes back to the first century after Christ, Pope Pius XII, on November 1, 1950, officially proclaimed that the Assumption of Mary, in body and soul into heaven, is a dogma of faith. This event was celebrated by thousands of Catholics in Saint Peter's Square in Rome. It was filled to overflowing. Not one more person could fit in it. This shows us the great love that there is for Most Holy Mary.

Among Catholics there is great love and veneration of the Most Holy Virgin. I said veneration, not adoration; there is some confusion on this. I stress this because lately, in some Catholics, there have been doubts - doubts that can come about because they are listening to teachings that contradict those of our faith about the Virgin Mary. We should be careful not to be fooled by these Protestant sects that constantly attack not only our Church but also, and quite a lot, Our Most Beloved Mother. They deny the crucial role that the Virgin had in God's plan of salvation. The Entrance Prayer that we just heard at the beginning of this Holy Mass invites us to meditate on how God exalted Mary to the dignity of being the Mother of his Son. Whoever calls himself or herself a follower of Christ and rejects the Mother of God is living a lie. Mary is the shortest route to get to Christ. She brings us closer to her Son. Venerating Mary is an essential part in the life of a Christian. Besides being the Mother of Jesus she is also our Mother. She was the first Christian to hear the Good News of the liberation of all humanity from sin and the first person who never doubted Jesus Christ, her Son and the Son of God. She was always at his side in good times and in bad times. She was even at the foot of the Cross, witnessing the horrible death of her own Son.

The feast of Mary Assumed is a significant feast for all Christians. She was taken up by God in body and soul into heaven: an event that reaffirms our own resurrection. Since the days of the first Christians, it was firmly believed that Jesus Christ could not permit his Mother to suffer the corruption of the tomb. Mary suffered death, as all of us will suffer it, but she was not made to endure the prison of the tomb. At the very moment of her death she was taken up into heaven by her own Son, Our Lord, Jesus Christ. When she was glorified in body and soul, she received in advance the immense prize that all those who are destined to go to heaven will receive after the Last Judgment. God gave her this immense privilege because she had been conceived without Original Sin and during her earthly life, like her Son, Jesus Christ, she did not sin. She did not have to suffer the separation of body and soul that occurs when other human beings die because of Original Sin.

Since the day of her assumption into heaven, the Most Blessed Virgin takes care of her children who are still here on earth. She intercedes with her Son for all humanity. She protects the Holy Church that her Son founded and is the consolation of all sinners who have recourse to her. Loving and venerating the Most Holy Virgin is much more than just wearing a medal around your neck. Jesus Christ asks that we be faithful, loving, and respectful to his Mother. And the Virgin asks us to love her Son above everything else, to keep his commandments and that when we receive the Body and Blood of her Son we do so with dignity and with a clean soul.

Let us go to her always, invoking her in our need, asking for her help when we feel sick, tired, exhausted or with little faith.

# Todos Los Santos

**Lecturas:1) Apocalipsis 7, 2-4. 9-142) 1 Juan 3, 1-33) Mateo 5, 1-12a**

El Evangelio nos muestra a Jesús hablando y enseñando a sus apóstoles, explicándoles las Bienaventuranzas, consejos que el Señor quiso inculcar en sus seguidores. Estos consejos se los enseñó a ellos, pero nos beneficiarán mucho a nosotros. Seguir las Bienaventuranzas nos ayudará a ser más humildes, a aguantar mejor las contrariedades, a ser más pacientes en la adversidad, a aceptar con mayor bondad las injusticias, los insultos e, incluso, las calumnias. Si aceptamos estas ignominias seremos personas más transigentes y felices. Y si pensamos con frecuencia en lo que promete Jesús en el Evangelio, que dice, "Vuestra recompensa será grande en el cielo", nos transformaremos y seremos mejores como seres humanos.

El Señor sabía que estos consejos, que son las Bienaventuranzas, dan fortaleza y santidad. Al seguirlas, también moldean nuestras mentes y nuestros corazones. Hacen que conozcamos más profundamente a Dios y de una manera más correcta. Es por esto que el Señor quiso que sus apóstoles las aprendieran y las asimilaran. Estas enseñanzas, como otras que les enseñó Cristo, hicieron a los apóstoles hombres fuertes en la fe y valientes para pregonar la palabra. Les quitó la cobardía hasta tal punto que no tuvieron miedo de morir mártires por su Maestro. Lo mismo que a ellos, a nosotros nos ayudarán a ir dejando pecados y a comprender mejor las exigencias de Dios en los mandamientos. Porque al amarlo y respetarlo, aceptamos con más mansedumbre los mandamientos. Al creer más en Él, hacemos su voluntad. Corazones limpios de pecado hacen personas honestas, bondadosas y caritativas. Vivimos en una sociedad en la que estas virtudes brillan por su ausencia. Muy pocas personas las dejan ver. Pero, para alcanzar el cielo que Cristo nos promete, para ser buenos cristianos, tendremos que poseer estas virtudes y otras más. De esa manera, iremos demostrando, con nuestra actitud, que amamos al que nos creó, al que nos redimió y al que, en la otra vida, nos dará lo que, como San Pablo dijo, "ni ojo vio, ni oído oyó, ni por mente humana ha pasado" (1Cor 2, 9). Y mostraremos a este mundo rebelde, que quiere eclipsar a Dios, que nosotros, como cristianos, le seguimos con fidelidad absoluta. Tenemos que tratar de ir mejorando, volviéndonos cada día más semejantes a Dios. Si lo hiciéramos así, Dios estaría más respetado y alabado, en vez de profanado.

El día de hoy, Todos los Santos, nos recuerda a nuestros seres queridos. La mayoría de los que estamos aquí reunidos en esta Santa Misa, la estaremos ofreciendo por nuestros difuntos. Muchos de ellos ya estarán reunidos entre los santos que están en el cielo y ellos también son santos. Estos, desde luego, ya no necesitan de nuestras oraciones. Pero otros de nuestros familiares y amigos aún estarán purgando sus faltas en el purgatorio. Ante la duda, siempre se debe pedir por todos ellos, y no solamente hoy sino cada día del año, ayudándoles con nuestras oraciones a que el Señor les dé el descanso eterno lo antes posible.

Hay personas que solamente piensan en los difuntos el Día de Todos los Santos y el de los Fieles Difuntos. Es verdad que estos dos días traen el recuerdo de la muerte, tanto a los que piensan en ella como a los que no quieren ni oír hablar en ella. Todos sabemos, en lo más íntimo de nosotros, que un día llegará. La muerte es inevitable. Y nadie, por mucho dinero que tenga, puede alargar la vida más de lo que el Señor haya previsto. Por eso, mientras pedimos por nuestros seres queridos, amigos, enemigos y benefactores, pidamos también por nosotros mismos. En nuestras manos está ir almacenando beneficios espirituales para cuando llegue nuestro fin. Esos beneficios serán los que podremos llevarnos de este mundo. Para conseguirlo, nos ayudarán confesiones frecuentes, almas limpias para recibir el Cuerpo de Cristo y muchas Misas ofrecidas para nosotros mismos, para nuestros difuntos y para todas las almas del purgatorio.

# All Saints Day

**Readings:1) Revelation 7:2-4, 9-142) 1 John 3:1-33) Matthew 5:1-12a**

The Gospel Reading shows us Jesus talking to and teaching his apostles, explaining to them the Beatitudes, advice that the Lord wanted to instill in his followers. This advice he gave to them but it is also of much benefit to us. Following what the Beatitudes say will help us to be humbler, to put up better with annoyances, to be more patient in adversity, to accept with more kindness injustices, insults, and even slander. If we accept these shameful acts, we will become people who are more accommodating and happier. And if we think frequently about what Jesus promises in the Gospel Reading where he says, "Your reward will be great in heaven," we will be transformed and become better human beings.

The Lord knew that this advice, which is what the Beatitudes are, strengthen and make holy. When we follow them, they also mold our minds and our hearts. They make us get to know God more profoundly and in the right way. It is for this reason that the Lord wanted his apostles to learn and assimilate them. These teachings, as others that Christ taught, turned the apostles into men who were strong in their faith and valiant in preaching the word. The teachings took away their cowardice to such an extent that they were not afraid to die as martyrs for their Master. In the same way, they will also help us to stop sinning and to understand better the requirements of God in the commandments. Because when we love him and respect God, we accept the commandments better. When we believe more in him, we do his will. Hearts cleansed of sin make for honest, kind and charitable people. We live in a society in which these virtues are conspicuously absent. Very few people show them. But, for us to reach the heaven that Christ promises us, for us to be good Christians, we must possess these virtues and others. In this way, we will show, with our attitude, that we love the one who created us, the one who redeemed us, and the one who, in the next life, will give us what, as Saint Paul said, "neither eye has seen, nor ear heard, nor has it so much as dawned on the human mind." (1Cor 2, 9). And we will show this rebellious world, which wants to eclipse God, that we, as Christians, follow him with absolute faithfulness. We should try to better ourselves, becoming every day more like God. If we did that, God would be more respected and praised instead of profaned.

Today, All Saints Day, reminds us of our dearly departed. Most us gathered here in this Holy Mass will offer it for our departed ones. Many of them are already united with the saints in heaven and they are also saints. These, of course, no longer need our prayers. But other members of our families and our friends are still being cleansed of their faults in purgatory. With that doubt in mind, we should always pray for them and not only today but every day of the year, helping them with our prayers so that the Lord will give them eternal rest as soon as possible.

There are people who only think about their departed ones on All Saints Day and All Souls Day. These two days are a reminder of death, for those who think about it as well as for those who don't even want to hear anyone talk about it. We all know in our innermost selves that this day will come. Death is inevitable. And no one, even though they have a lot of money, can prolong their lives life more than what the Lord has planned. For this reason, while praying for our dearly beloved, our friends, enemies and benefactors, we should pray for ourselves. In our hands rests the ability to save up spiritual goods for when our end arrives. Those goods will be the ones that we can take with us from this world. To obtain them, what would help are frequent confessions, clean souls ready to receive the Body of Christ and many Masses offered for us, for our departed ones and for all the souls in purgatory.

# CICLO B - CYCLE B

## La Inmaculada Concepción

**Lecturas:1) Génesis 3, 9-15. 202) Efesios 1, 3-6. 11-123) Lucas 1, 26-38**

La fiesta que estamos celebrando, la Inmaculada Concepción de María, nos deja ver la gran misericordia que Dios tiene por toda la humanidad. Las Escrituras nos dicen que Dios eligió a una joven judía de entre todas las criaturas para que fuera la Madre del Hijo de Dios, nuestro Salvador.

La Iglesia ha manifestado siempre y constantemente el dogma de la virginidad perpetua de María. Y a lo largo de los siglos también ha enseñado que la Virgen María fue preservada de la herencia del Pecado Original desde el mismo instante de su concepción. Esta es la definición del dogma de la Inmaculada Concepción que fue proclamado por el Papa Pío IX en 1854.

La Primera Lectura de hoy explica cómo Adán y Eva cometieron el primer pecado humano, el Pecado Original. Y este pecado fue el que trajo toda la maldad que existe en el mundo. Cuando Adán y Eva desobedecieron a Dios, fueron expulsados del paraíso. Y, desde ese instante, el género humano perdió la gracia divina que Dios había concedido a nuestros primeros padres desde el inicio de la creación. Sin embargo, el Evangelio de hoy dice que el Arcángel Gabriel, en el momento de la Anunciación, saludó a María, llamándola "llena de gracia". Esto fue porque Dios le había concedido a ella el don de ser concebida sin mancha de Pecado Original. Su alma estaba "llena de gracia". Solamente de esta forma pudo dar su asentimiento libre a la llamada de Dios.

Para ser la Madre de Dios era absolutamente necesario que ella estuviera siempre llena de gracia y sin pecado. La Virgen fue elegida por Dios antes de la creación del mundo para ser santa e inmaculada *(Catecismo de la Iglesia Católica, 492)*. Dios le concedió este privilegio a María, en consideración a los méritos de su Hijo, precisamente porque ella iba a concebir por obra del Espíritu Santo y ser la Madre del Redentor.

La devoción a la Santísima Virgen es una de las tradiciones más arraigadas de nuestros pueblos. Los cristianos la llevamos siempre dentro de nuestros corazones. Y aunque algunas sectas que no quieren creer en este dogma tratan de quitarnos su amor, no cabe duda que es a través de la concepción inmaculada de María que Jesucristo inició su victoria contundente sobre el pecado. Ella es la aurora que precede el amanecer de una vida nueva en Cristo. Sin su consentimiento a la llamada de Dios, no hubiera nacido Jesucristo y el género humano no hubiera tenido la oportunidad de salvarse del Pecado Original.

Hermanas y hermanos. La temporada de Adviento ya ha comenzado. La solemnidad que celebramos hoy es como un signo de esperanza alegre dentro de esta temporada austera. Después de esta fiesta grande se divisa la proximidad de la Navidad. La Iglesia decidió que se celebraran ambas fiestas en diciembre para destacar y honrar el vínculo estrecho que existe entre el privilegio de la Inmaculada Concepción de la Virgen María y el milagro del Nacimiento de Nuestro Señor, Jesucristo.

María siempre ha ocupado, por voluntad divina, un puesto central en la vida de la Iglesia. Tanto en la Encarnación del Hijo de Dios como en la redención, ella formó parte del plan salvífico de Dios. Fue a través de la Virgen María que nació nuestro Redentor y llegó la salvación al género humano. Por eso, los primeros cristianos, llamaban a María, "la Madre de los vivientes" y afirmaban frecuentemente que "la muerte vino por Eva, la vida por María" *(Lumen gentium 56)*.

# The Immaculate Conception

**Readings:1) Genesis 3:9-15, 202) Ephesians 1:3-6, 11-123) Luke 1:26-38**

The feast that we are celebrating, the Immaculate Conception of Mary, shows us the great mercy that God has for all of humanity. Scripture tells us that God chose a young Jewish girl from among all His creatures to be the Mother of the Son of God, our Savior.

The Church has always and constantly also taught the dogma of the perpetual virginity of Mary. Through the centuries, the Church has also taught that the Virgin Mary was preserved from the heritage of Original Sin from the moment of her conception. This is the definition of the dogma of the Immaculate Conception that was proclaimed by Pope Pius IX in 1854.

The First Reading today explains how Adam and Eve committed the first human sin, the Original Sin. And this sin was the one that brought about all the evil that exists in the world. When Adam and Eve disobeyed God they were expelled from paradise. And, from that moment, humanity lost the divine grace that God had given to our first parents from the beginning of creation. Nevertheless, the Gospel Reading today tells us that the Archangel Gabriel, at the Annunciation, greeted Mary, calling her "full of grace." This was because God had given her the gift of being conceived without the stain of Original Sin. Her soul was "full of grace." Only in this state could she give her free consent to the call of God.

For her to be the Mother of God it was necessary for her to be always full of grace and without sin. The Virgin was chosen by God from before the creation of the world to be holy and immaculate *(Catechism of the Catholic Church, 492)*. God gave this privilege to Mary, in anticipation of the merits of her Son, precisely because she was to conceive by the power of the Holy Spirit and become the Mother of the Redeemer.

Devotion to the Most Blessed Mother is one of the most cherished traditions of our peoples. Christians hold her very deeply in our hearts. And even though some sects who do not want to believe in this dogma try to take our love for her away, there is no doubt that it was through her Immaculate Conception that Jesus Christ began His once and for all victory over sin. She is the dawn that proceeds the morning of a new life in Christ. Without her consent to the call of God, Jesus Christ would not have been born and humanity would not have had the opportunity to be saved from Original Sin.

Brothers and sisters, Advent has begun. The solemnity we are celebrating today is like a joyful sign of hope during this austere season. After this great feast the approach of Christmas can be felt. The Church decided to celebrate both feasts in December to emphasize and honor the close link that exists between the privilege of the Immaculate Conception of the Virgin Mary and the miracle of the Birth of Our Lord, Jesus Christ.

Mary has always occupied, because of divine will, a central position in the life of the Church. In the Incarnation of the Son of God as well as in the redemption, she formed part of the salvific plan of God. It was through the Virgin Mary that our Redeemer was born and salvation came to humanity. For that reason, the first Christians called Mary, "mother of the living" and frequently affirmed that "death came through Eve, life through Mary." *(Lumen gentium 56)*

# Navidad

**Esta homilía se puede usar en cualquiera de las Misas de Navidad.**

Queridos hermanos y hermanas. Antes de comenzar esta homilía, quiero desearles a todos una feliz Navidad.

La Navidad, la natividad del Señor que estamos celebrando, es una fiesta de mucha alegría y de grandes celebraciones con familiares y amigos. Es tiempo de desprendimiento y nos esmeramos en dar regalos a nuestros seres queridos y en hacer, en estos días, que nuestra casa sea la más cálida y amena posible. Como cada año nos ha llegado la Navidad. Y cada temporada navideña nos sorprendemos de que los cristianos la estemos celebrando desde hace muchos siglos. Pero el Nacimiento de Nuestro Salvador es un hecho que lo tenemos presente no solamente hoy, día de Navidad, o durante estas fiestas que estamos celebrando. Está siempre en nuestros corazones.

El Nacimiento de Cristo fue humilde y pasó desapercibido. El Rey de Reyes llegó al mundo y nació en un pueblo pequeño e insignificante. Él quiso nacer en la más estricta pobreza. Nació en una cuadra. La Virgen María, después de nacido su Hijo, hizo a modo de una cunita en el pesebre y lo acomodó. Aunque Belén era un pequeño pueblo, nadie, ni siquiera las autoridades locales, supieron que aquella noche había llegado al mundo el Mesías tan esperado por generaciones. Había llegado el Redentor a liberar a toda la humanidad del Pecado Original y sus consecuencias.

¿Por qué celebramos, año tras año, la Navidad dando regalos? Esto tiene una fácil respuesta: porque en la Navidad nació el Niño Jesús que fue el regalo que Dios dio a toda la humanidad.

Estamos viviendo los días más bonitos del año. Nuestras liturgias y villancicos muestran la alegría que sentimos los cristianos, aunque la Navidad es una fiesta que la celebran hasta los no creyentes. Sin embargo, en el ambiente de estas fiestas se puede observar que todavía hay muchos cristianos que no viven la Navidad en el amor a Cristo. Se dejan llevar por el ambiente de fiesta y por la demanda. Y hay muchos que también se dejan llevar por la bebida y por las grandes comidas, olvidando que en todo debemos ser sobrios, y más durante esta temporada. Hasta hay algunos que se dejan llevar por la obsesión desenfrenada del adquirir. Con este comportamiento será imposible recordar el verdadero sentido que tienen estas fiestas.

Hermanos y hermanas, si la Navidad no se celebra poniendo a Cristo como centro de estos días, aunque la casa esté preciosa de adornos y haya bonitos regalos, no encontraremos esa alegría y esa paz que debe darnos el nacimiento del Niño Dios.

Todo nacimiento es un gran acontecimiento. Pero el nacimiento de Cristo no tiene parangón. Es único. Este nacimiento brilla, y brillará, generación tras generación. Y no puede ser de otra manera ya que este nacimiento nos trajo la salvación.

Estamos reunidos, en esta Santa Misa, celebrando este gran milagro de amor que es la Navidad. Hagamos propósito que este año venidero, que en pocos días comenzará, Jesús será absolutamente el centro de nuestra vida. Propongámonos seguirle con dignidad cumpliendo sus mandatos. Pidamos a Nuestra Amantísima Madre, la Virgen María, que ruegue por toda la humanidad a su Hijo para que este año todos nuestros propósitos y buenos deseos sean cumplidos. ¡Que el Señor les bendiga y llene sus vidas de paz, prosperidad y amor!

# Christmas

**This homily may be used for any of the Christmas Masses.**

My dear brothers and sisters, before I begin this homily, I want to wish all of you a Merry Christmas.

Christmas, the birth of our Lord, which we are celebrating, is a feast of much joy and great celebration with families and friends. It is a time of giving and of taking great pains to give gifts to those we love and in doing everything, during these days, to make our home the warmest and most welcoming possible. As occurs every year, Christmas has arrived. And each Christmas season what surprises us is that we Christians have been celebrating it for so many centuries. But the Birth of Our Lord is a fact that we have in mind not only today, Christmas day, or during the holidays that we celebrate. It is always in our hearts.

The Birth of Christ was humble and it happened unnoticed. The King of Kings arrived in the world and was born in a small and insignificant town. He wanted to be born in the strictest poverty. He was born in a stable. The Virgin Mary, after the birth of her Son, fashioned a kind of cradle in the manger and laid Him in it. Even though Bethlehem was a small town, no one, not even the local authorities, knew that on that night the Messiah who had been awaited for generations had come into the world. The Redeemer had arrived to free all of humanity from Original Sin and its consequences.

Why do we celebrate, year after year, Christmas by giving gifts? This has an easy answer: because on Christmas was born the Child Jesus who was the gift that God gave to all of humanity.

We are living the most beautiful days of the year. Our liturgies and Christmas carols show the joy that we Christians feel, Christmas is a holiday that is celebrated even by those who are not believers. Nevertheless, given the atmosphere of these holidays, we can see that many Christians do not live Christmas in the love of Christ. They allow themselves to be dragged along by the atmosphere of partying and by consumerism. And there are many who also allow themselves to be dragged along by drink, by enormous meals, forgetting that in all things we should be sober and more so during this season. There are even some who allow themselves to be dragged along by an inordinate obsession with acquiring things. And with this behavior it is impossible to remember the true meaning that these holidays have.

Brothers and sisters, if Christmas is not celebrated by placing Christ at the center of these days, even though the home may be adorned beautifully and there are pretty gifts; we will not encounter that joy and that peace that the Birth of the Christ Child should give to us.

All births are major events. But the birth of Christ is without comparison. It is unique. It is a birth that shines out, and will continue to shine out, generation after generation. And that is as it should be, since this birth brought us our salvation.

We are gathered here today, in this Holy Mass, celebrating this great miracle of love that is Christmas. Let us make a resolution that this coming year, that in a few days will begin, to make Jesus the absolute center of our lives. Let us propose to follow Him honestly, following His commandments. Let us ask our Most Beloved Mother, the Virgin Mary, to pray for all of humanity to her Son so that this year all our resolutions and good wishes will come true. May the Lord bless and fill your lives with peace, prosperity, and love!

# Santa María, Madre de Dios

**Lecturas:1) Números 6, 22-272) Gálatas 4, 4-73) Lucas 2, 16-21**

Antes de comenzar esta homilía, quiero desearles que, en este año nuevo, el Señor les acerque mucho a Él y les dé paz y prosperidad.

Como cada año, nos encontramos aquí reunidos en este primer día del Año Nuevo. Estamos celebrando, en comunidad, la solemnidad de Santa María, Madre de Dios. En esta fiesta, la Iglesia nos presenta la Divina Maternidad de la Santísima Virgen. A través del Evangelio, comprobamos que María concibió y engendró al Redentor del Mundo por obra del Espíritu Santo. Después de considerar la tarea de la Virgen en el misterio de la Encarnación y Nacimiento de Cristo debemos contemplar su lugar primordial en el misterio de la Iglesia.

María, es la Madre de Dios y la Madre de toda la humanidad. También es Madre de la Iglesia que es el Cuerpo de Cristo. Debido a este hecho, la misión de María es inseparable de la misión de la Iglesia. Aquí quiero dejar bien claro que nuestra veneración a nuestra Madre Amantísima de ninguna manera hace sombra a Cristo ni le disminuye. Es todo lo contrario. La Maternidad de la Santísima Virgen María es un hecho que muestra la humanidad de Jesús. Y, por lo tanto, respalda la milagrosa redención que nos trajo su Hijo. Es imposible que la devoción a la Virgen aleje al cristiano de Jesucristo. Precisamente es ella el camino más corto para llegar a Él.

Hoy, además de celebrar Año Nuevo, también celebramos la Jornada Mundial de la Paz. Todos los cristianos debemos orar para obtener el gran don de la paz. En esta sociedad hay infinidad de personas que luchan para obtenerla. Pero los resultados nos demuestran que no están consiguiendo esa paz que tanto necesita el mundo. Lo que podemos ver es que la violencia y la injusticia predominan en esta sociedad. Así que, solamente nos queda pedir ayuda a la Reina de los Cielos, la única que nos puede obtener de su Hijo, el Príncipe de la Paz, todo lo que le pidamos, porque a ella, su Hijo siempre le escucha y nada le niega.

Con el día de hoy comenzamos un nuevo año. Y uno de nuestros propósitos debiera ser quitar de nuestros corazones odio, envidia o cualquier otra clase de impureza que no deje reinar la paz en nuestras vidas. María es nuestra intercesora y a ella debemos recurrir, pidiéndole paz, no solamente para nosotros sino para toda la humanidad.

Pero tengamos en cuenta que primeramente nosotros tendremos que poner nuestro granito de arena para que en este mundo haya más paz. Si no hay cooperación por parte nuestra, si todos queremos hacer las cosas a nuestro antojo sin pensar en las consecuencias ni en los demás, la paz estará cada día más alejada de la humanidad y más amenazada por el odio y la opresión.

La Santísima Virgen, que es nuestra Madre, si recurrimos a ella, no solamente nos ayudará a conseguir esa paz, sino que además nos ayudará a alcanzar el reino donde ella está sentada, junto a su Hijo, como Reina de Cielo y Tierra. Hermanos y hermanas, en este primer día del Año Nuevo, hagamos el propósito de aceptar a María como nuestra Madre para que ella engendre en nosotros a Cristo.

# Holy Mary, Mother of God

**Readings:1) Numbers 6:22-272) Galatians 4:4-73) Luke 2:16-21**

Before beginning this homily, I want to wish for you that, during this New Year, the Lord will bring you closer to Him and will give you peace and prosperity.

As in every year, we are gathered together on this first day of the New Year. We are celebrating, in community, the solemnity of Holy Mary, Mother of God. In this feast, the Church presents to us the Divine Motherhood of the Most Holy Virgin. Through the Gospel, we see that Mary conceived and engendered the Redeemer of the Word by the working of the Holy Spirit. After considering the role of the Virgin in the mystery of the Incarnation and Birth of Christ we should contemplate her fundamental role in the mystery of the Church.

Mary is the Mother of God and the Mother of all humanity. She is also the Mother of the Church which is the Body of Christ. Because of this fact, Mary's mission is in separable from the Church's mission. Here I want to make very clear that our veneration of our Most Beloved Mother in no way casts a shadow on Christ or belittles Him. It is exactly the opposite. The Maternity of the Most Blessed Virgin Mary is a fact that shows the humanity of Jesus. And, therefore, it backs up the miraculous redemption that her Son brought to us. It is impossible for devotion to the Virgin to distance a Christian from Jesus Christ. She is precisely the shortest road to get to Him.

Today, besides celebrating the New Year, we also celebrate the World Day of Peace. All of us Christians should pray to obtain this great gift of peace. In this society, there are an infinite number of people who are striving to obtain it. But the results show that they are not securing that peace that the world needs so much. What we can see is that violence and injustice predominate in this society. So, the only thing left for us to do is to seek the aid of the Queen of Heaven, the only one who can obtain from her Son, the Prince of Peace, all that we ask for because her Son always listens to her and does not deny her anything.

Today we begin a New Year. And one of our resolutions should be to rid our hearts of hatred, envy or any other type of impurity that does not allow peace to reign in our lives. Mary is our intercessor and to her we should resort, asking for peace, not only for ourselves but for all of humanity.

But we should consider that first we should do our part so that in the world there will be more peace. If there is no cooperation on our part, if all of us want to do things as we choose without thinking of the consequences or about others, peace will be every day more distant from humanity and more threatened by hatred and oppression.

The Most Blessed Virgin, who is our Mother, if we call on her, will not only help us to obtain that peace she will also help us to reach the kingdom where she is seated, by her Son, as Queen of Heaven and Earth. Brothers and Sisters, on this first day of the New Year, let us make a resolution to accept Mary as our Mother so that she can engender Christ in us.

# La Resurrección de Nuestro Señor y Salvador Jesucristo

**Lecturas: 1) Hechos 10, 34a. 37-43   2) Colosenses 3, 1-4   3) Juan 20, 1-9**

Después de haber pasado una Semana Santa larga y triste, padeciendo junto con el Señor sus terribles sufrimientos y su muerte, estamos aquí participando en esta Santa Misa con alegría, sabiendo que Cristo ha resucitado. Y repetimos con frecuencia, "¡Aleluya!". Esta palabra, que significa "alaba a Dios", hoy se canta con júbilo en todas las iglesias católicas alrededor del mundo. Dichosos los que alaban a Dios, le obedecen y le siguen.

Estamos celebrando el gran triunfo de Nuestro Señor Jesucristo, que con su propia muerte venció a la muerte y nos liberó de la esclavitud del pecado. Como seres humanos, todos conocemos lo que es la muerte. Es como una barrera que nos separa de la vida eterna. Cristo, como Dios y hombre, superó esa barrera, devolviéndonos la posibilidad de alcanzar el Cielo. Nos promete que cuando llegue nuestro tiempo de atravesar esa barrera nos veremos cara a cara con Él. Pero hay que tener en cuenta que no todos tendrán la dicha de participar de la gloria de Dios en el Cielo. Al dejar esta existencia terrena, nuestro destino dependerá de cómo nos hemos preparado para nuestra vida en la eternidad.

La gloriosa Resurrección del Señor sigue siendo el acontecimiento más grande conocido y registrado en toda la historia de la humanidad. Pero solamente se puede reconocer y vivir como tal a través de la fe. La fe es muy importante para todos los cristianos. Si Cristo no hubiera resucitado, nuestra fe no tendría ningún sentido. Con la Resurrección de Cristo, nació una nueva etapa en la historia salvífica de la humanidad, un nuevo capítulo en la vida humana, que nos deja ver el amor tan grande que Dios tiene por nosotros. Debido a eso, este Domingo de Resurrección los cristianos sentimos una alegría muy especial y nos llenamos de esperanza. Nos será de gran ayuda recordar con frecuencia que Jesús nos amó tanto que, a pesar de ser Dios, se entregó a la muerte por cada uno de nosotros, incluso a una muerte ignominiosa en la Cruz. Y con su entrega reconcilió a la humanidad con Dios, dándonos la posibilidad de vencer al pecado e ir al Cielo.

En la Segunda Lectura, escuchamos cómo San Pablo les dijo a los colosenses, "habéis sido resucitados con Cristo". Les aconseja que busquen los bienes del cielo que Cristo obtuvo con su muerte. Este consejo también es para nosotros. Esta lectura nos debe hacer reflexionar en no obsesionarnos tanto con la vanidad, con el poder, con el dinero. Realmente, en lo que tenemos que pensar es en ir ganando, como nos dice San Pablo, los bienes de arriba. Las cosas que ofrece el mundo, si nos dejamos obsesionar por ellas y solamente pensamos en adquirirlas, serán negativas para nuestra meta, que es conseguir el Cielo.

La Resurrección de Jesucristo nos ha salvado de la oscuridad del pecado y nos ha dado la oportunidad de conocer y compartir plenamente la luz del amor de Dios, que es la gracia del Espíritu Santo. Cristo, con su muerte, consiguió la salvación de toda la humanidad. Creer en Cristo, claro está, es la base fundamental de nuestra fe. Hay algunos que piensan, y esto es equivocado, que solamente con decir, "Creo en Cristo", ya están salvados. Piensan que ya no tienen que hacer nada porque Cristo nos salvó a toda la humanidad del pecado. Ciertamente, nos salvó del pecado, pero ahora estamos obligados a cumplir los mandamientos, a mostrar nuestra fe en Dios con hechos contundentes, demostrando, con una vida ejemplar, que le estamos siguiendo fielmente. Si estamos viviendo en pecado, si estamos viviendo de espaldas a Dios, ¿Cómo se puede pensar que simplemente con decir, "Creo en Cristo", ya se está salvado? Cristo concederá el don de la salvación a los que correspondieron a su amor con entrega, obediencia y honestidad.

# The Resurrection of Our Lord and Savior Jesus Christ

**Readings: 1) Acts 10:34a, 37-43   2) Colossians 3:1-4   3) John 20:1-9**

After having gone through a long and sad Holy Week, enduring with the Lord His terrible suffering and death, today we are here, participating in this Holy Mass with joy, knowing that Christ has risen. And we frequently repeat, "Alleluia!" This word, which means "Praise God," today is sung with joy in all the Catholic churches around the world. Blessed are they who praise God, obey Him and follow Him.

We are celebrating the great triumph of Our Lord, Jesus Christ, who with His own death overcame death and who liberated us from the slavery of sin. As human beings, all of us know what death is. It is like a barrier that separates us from eternal life. Christ, as God and man, overcame that barrier, returning to us the possibility of going to heaven. He promises us that when the time for us to cross that barrier arrives we will see Him face to face. But we should bear in mind that not all will have the happiness of participating in the glory of God in Heaven. When we leave this earthly existence, our destiny will depend on how we prepared ourselves for our life in eternity.

The glorious Resurrection of the Lord continues to be the greatest event known and recorded in the entire history of humanity. But it can only be recognized and lived as such through faith. Faith is very important for all Christians. If Christ had not risen from the dead, our faith would not make any sense. With the Resurrection of Christ is born a new age in the salvation history of humanity, a new chapter in human life that allows us to see the great love that God has for us. Because of that, this Easter Sunday, we Christians feel a very special happiness and are filled with hope. It would be a great help for us to remember frequently that Jesus loved us so much that, despite being God, He gave Himself up to die for each one of us, even unto dying an ignominious death on the Cross. And with His death, He reconciled humanity with God, giving us the possibility of conquering sin and going to Heaven.

In the Second Reading, we heard how Saint Paul told the Colossians, "You were raised up with Christ." He counsels them to look for the heavenly goods that Christ obtained with His death. This counsel is also for us. This Reading should make us reflect on not being obsessed so much with vanity, with power, with money. In reality, what we should be thinking about is on gaining, as Saint Paul says, heavenly goods. The things that the world offers, if we allow ourselves to be obsessed with them and we only think about acquiring them, will go against our goal, which is to go to Heaven.

The Resurrection of Jesus Christ has saved us from the darkness of sin and has given us the opportunity to fully know and share the light of the love of God, which is the grace of the Holy Spirit. Christ, by His death, obtained salvation for all humanity. Believing in Jesus, clearly, is the fundamental basis of our faith. There are some who think, and this is wrong, that just by saying, "I believe in Christ," they are saved. They think that they do not have to do anything else because Christ saved all of humanity from sin. Certainly, we were saved from sin, but now we have the obligation to obey the commandments, to show our faith in God through solid acts, demonstrating, with an exemplary life, that we continue to be faithful to Him. If we are living in sin, if we are living with our backs turned to God, how can we think that simply by saying, "I believe in Christ," we are saved? Christ will give the gift of salvation to those who have answered His love by surrendering to Him in obedience and with honesty.

# La Ascensión

**Lecturas: 1) Hechos 1, 1-112) Efesios 4, 1-133) Marcos 16, 15-20**

Hermanos y hermanas, la Primera Lectura hoy es del Libro de los Hechos de los Apóstoles. En ella, San Lucas dice que Jesús, antes de subir al cielo, prometió a sus discípulos enviarles el Espíritu Santo, que les daría la fuerza necesaria para ser sus testigos, "en Jerusalén, en toda Judea y Samaria, y hasta los confines del mundo". Cuando terminó de hablarles lo vieron ascender hasta que una nube se lo quitó de la vista.

Les dejó presenciar su Ascensión gloriosa quizás para darles más confianza y entereza hasta que les fuera enviado el Espíritu Santo. Bien sabemos que hasta que los discípulos no recibieron la gracia divina del Espíritu no habían podido asimilar todo lo que el Maestro les había explicado. Incluso el hecho que acababan de presenciar les era incomprensible.

En el Evangelio, San Marcos da otro punto de vista sobre la Ascensión de Nuestro Señor al cielo. Dice que después de la Resurrección y antes de ascender al cielo, Jesús reunió a sus apóstoles y les dijo, "Id al mundo entero y proclamad el Evangelio a toda la creación". Con estas palabras Jesús estableció y confirmó la misión para la que los había estado preparando: la proclamación de la Buena Nueva. Y les recalcó: "El que crea y se bautice se salvará; el que se resista a creer será condenado".

Después de la gloriosa Ascensión del Señor al cielo los apóstoles y la Santísima Virgen María regresaron a Jerusalén, tal y como el Señor les había indicado que debían hacer. Nueve días después, el Domingo de Pentecostés, ocurrió el grandioso hecho que Cristo les había prometido. Se encontraban reunidos en el Cenáculo y allí fue donde recibieron la gracia del Espíritu Santo. E inmediatamente después, comenzaron la tarea de evangelizar, para la que ya estaban preparados. El Espíritu Santo los había llenado de todos sus dones.

Todos los cristianos tenemos también la obligación de evangelizar, igual que lo hicieron los apóstoles. Evangelizar es hablar sobre nuestra fe católica y nuestras creencias y demostrar con nuestros hechos que somos de verdad cristianos. Tenemos la obligación de dar testimonio con valentía, en cualquier lugar, que estamos siguiendo a Cristo, que en nosotros hay caridad, que nos preocupamos de los hermanos, especialmente de los más débiles y necesitados, demostrando así que pertenecemos al Cuerpo de Cristo, que es nuestra Iglesia.

Es muy importante recordar, lo más a menudo posible, que nuestro objetivo debe ser conseguir nuestra propia salvación pero tendremos que ser fuertes porque esto no será fácil. El Señor ya sabe que es difícil. Por eso, al igual que a los apóstoles, a nosotros también nos envió el Espíritu Santo. Lo recibimos en nuestro Bautismo. Y nos dio, y sigue dándonos, la fortaleza para seguir el camino recto hacia Cristo.

Hermanos y hermanas, no olvidemos que hemos sido elegidos por Dios para continuar la misión redentora de Cristo aquí en la tierra. Nuestra sociedad necesita, más que nunca, conocer a Cristo Resucitado. Hay muchos que andan completamente desorientados. No conocen aún ni a Cristo ni su vida. Debido a esto, nosotros tenemos que dar a conocer a Jesucristo cumpliendo así una noble tarea: difundir la verdad del Evangelio a un mundo que está tan necesitado de escucharla.

# The Ascension

**Readings: 1) Acts 1:1-112) Ephesians 4:1-133) Mark 16:15-20**

Brothers and sisters, the First Reading today comes from the Book of the Acts of the Apostles. In it, Saint Luke says that Jesus, before He ascended into heaven, promised His disciples that He would send them the Holy Spirit, that He would give them the necessary strength so that they could be His witnesses, "in Jerusalem, in all of Judea and Samaria, and even to the ends of the earth." When He finished talking to them, they saw Him ascend until a cloud stopped them from seeing Him.

He allowed them to be present at His Glorious Ascension maybe so that He could give them more confidence and fortitude until the Holy Spirit was sent to them. We well know that until the disciples received the divine grace of the Spirit they had not been able to assimilate all that the Master had explained to them. Even the event that they had just witnessed was incomprehensible to them.

In the Gospel Reading, Saint Mark gives us another point of view about the Ascension of Our Lord into heaven. He says that after the Resurrection and before ascending into heaven, Jesus gathered His apostles together and said to them, "Go out into the world and proclaim the Gospel to all of creation." With these words, Jesus established and confirmed the mission that He had prepared them for: the proclamation of the Good News. And He stressed to them: "Whoever believes and is baptized will be saved; whoever refuses to believe will be condemned."

After the glorious Ascension of the Lord to heaven, the apostles and the Most Blessed Virgin Mary returned to Jerusalem just as the Lord had indicated that they should do. Nine days afterwards, on Pentecost Sunday, the magnificent event that Jesus had promised to them occurred. They were gathered together in the Cenacle and there they received the grace of the Holy Spirit. And immediately afterwards, they began the task of evangelizing, for which they had been prepared. The Holy Spirit filled them with His gifts.

All of us Christians have an obligation to evangelize, just as the apostles did. Evangelization is talking about our Catholic faith and our beliefs and showing with our acts that we truly are Christians. We have the obligation to give witness with courage, everywhere, that we are following Christ, that in us there is charity, that we care about our brothers, especially those who are most weak and needy, showing in this way that we belong to the Body of Christ, which is our Church.

It is very important to remember, as many times as possible, that our objective should be to reach our own salvation but we must be strong because this is not easy. The Lord already knows that it is difficult. For that reason, just as He did for the apostles, to us He has also sent the Holy Spirit. We receive Him in our Baptism. And He gave us, and continues to give us, the strength to follow the straight road that leads to Christ.

Brothers and sisters let us not forget that we have been chosen by God to continue the redemptive mission of Christ here on earth. Our society needs, more than ever, to know the Risen Christ. There are many who go about completely disoriented. They still do not know about Christ or His life. Because of this, we should make Jesus Christ known fulfilling in that way a noble task: to spread the Gospel to a world that is so in need of hearing it.

# La Asunción

**Lecturas: 1) Apocalipsis 11, 19a; 12, 1-6a. 10ab2) 1 Corintios 15:20-273) Lucas 1, 39-56**

Hoy, 15 de agosto, la Iglesia celebra la Asunción de María. Muchísimos pueblos alrededor del mundo celebran su fiesta en el día de hoy, dando veneración a la Santísima Virgen. A través de la solemnidad que estamos celebrando nuestra Iglesia nos asegura que María, la Madre de Dios y Madre nuestra, fue glorificada en cuerpo y alma. Esto quiere decir que alcanzó, anticipadamente, lo que cada cristiano espera algún día alcanzar, con la gracia de Dios. Claro que nosotros tendremos que esperar hasta el final de los tiempos, cuando Jesucristo, en toda su gloria, regrese a resucitar a los muertos y a juzgarnos, para alcanzar esa glorificación.

La Virgen María fue predestinada desde antes de la creación del mundo para ser la Madre del Hijo de Dios, nuestro Salvador (*Lumen gentium, 61*). Y fue asunta al cielo sin tener que esperar a la última venida de Cristo. Tampoco tuvo que pasar por la corrupción del cuerpo. Nuestra fe nos dice, y nosotros así lo comprendemos, que ella no tuviera necesidad de esperar al último juicio para resucitar de entre los muertos porque fue concebida sin Pecado Original. Además, durante su vida terrena nunca ofendió a Dios, nunca pecó. Le obedeció en todo con humildad y sumisión.

Dios concedió a la Santísima Virgen grandes dones y privilegios por ser la Madre del Salvador del Mundo. Envió el Espíritu Santo sobre ella que la llenó de gracia. Y cuando terminó su vida terrena, fue asunta al cielo. Y allí, María, plenamente glorificada, fue coronada por su propio Hijo como Reina de Cielo y Tierra. Ella es signo de esperanza y consuelo para toda la humanidad.

La Santísima Virgen María, además de ser la Madre del Redentor es también Madre nuestra. En una familia donde reina el amor, la madre tiene afecto especial para cada uno de sus hijos. Es por eso que, cuando tienen problemas, recurren a la madre, sabiendo que siempre les va a ayudar. Y si una madre aquí en la tierra, está siempre dispuesta a hacer lo máximo por sus hijos e incluso, si se daba el caso, hasta dar la vida por ellos, imaginémonos lo que nos puede conseguir nuestra Madre del cielo. Ella alcanza de su Hijo todo lo que le pide. Y a cada cristiano que la venera y la invoca, pidiéndole ayuda, además de conseguir lo que le está pidiendo, ella le irá acercando, día a día, a su Hijo Amado, Cristo.

La Santísima Virgen es dulzura y esperanza para el cristiano que la venera. Y nunca deja de tender una mano a los que recurren a ella. Es refugio de los pecadores y siempre intercede ante su Hijo por los que confían en ella.

En el plan salvífico del Señor, María siempre ha ocupado, por voluntad divina, un puesto central en la vida de la Iglesia. De igual modo, en la Encarnación del Hijo de Dios como en la Redención, María formó parte del plan de Dios para la salvación de la humanidad. Ella, como dice S. Ireneo, 'por su obediencia fue causa de la salvación propia y de la de todo el género humano'" *(San Ireneo, Adv. haeres. 3, 22, 4: PG 7/1, 959A)*.

El Papa Benedicto XVI habla de María de esta manera: "Ella nos escucha siempre, siempre está cerca de nosotros; y, siendo Madre del Hijo, participa del poder del Hijo, de su bondad. Podemos poner siempre toda nuestra vida en manos de María, que siempre está cerca de cada uno de nosotros". *(Homilía, 15 de agosto de 2005)*

# The Assumption

**Readings:  1) Revelation 11:19a; 12:1-6a; 10ab2) 1 Corinthians 15:20-273) Luke 1:39-56**

Today, August 15th, the Church celebrates the Assumption of Mary.  Many places around the world celebrate her feast today, venerating the Most Blessed Virgin.  Through this solemnity that we are celebrating, our Church assures us that Mary, the Mother of God and our Mother, was glorified in body and soul.  This means that she reached, ahead of time, what every Christian hopes to reach some day, by the grace of God.  Of course, we must wait until the end of time, when Jesus Christ, in all His glory, returns to resurrect the dead and to judge us, for us to reach that glorification.

The Virgin Mary was predestined from before the creation of the world to be the Mother of the Son of God, our Savior (*Lumen gentium, 61*).  And she was assumed into heaven without having to wait for the last coming of Christ.  Neither did she have to go through the corruption of the body.  Our faith tells us, and we understand it to be so, that she did not have to wait for the last judgment to be resurrected from the dead because she was conceived without Original Sin.  Moreover, during her earthly life she never offended God, she never sinned.  She obeyed Him in everything with humility and submission.

God gave to the Most Blessed Virgin great gifts and privileges because she was to be the Mother of the Savior of the World.  He sent the Holy Spirit over her who filled her with grace.  And when her life on earth ended, she was assumed into heaven.  And there, Mary, totally glorified, was crowned by her own Son as Queen of Heaven and Earth.  She is a sign of hope and consolation for all humanity.

The Most Blessed Virgin Mary, besides being the Mother of the Redeemer is also our Mother.  In a family in which love reigns, the mother has special affection for each of her sons.  That is why, when they have problems, they resort to their mother, knowing that she will always help them.  And if a mother here on earth is always ready to do the most she is able for her children and even, if needed, to give her life for them, we can only imagine what we can obtain through our Mother in heaven.  She obtains from her Son whatever she asks for.  And each Christian who venerates and invokes her, asking her for help, besides obtaining what they ask her for, will be, through her, closer daily to her Beloved Son, Christ.

The Most Blessed Virgin is sweetness and hope for the Christian who venerates her.  And she never stops helping those who have recourse to her.  She is the refuge of sinners and she always intercedes before her Son for those who trust in her.

In the salvific plan of the Lord, Mary has always occupied, by divine will, a central place in the life of the Church.  In the Incarnation of the Son of God as well as in the Redemption, Mary played a part in the plan of God for the salvation of humanity.  As St. Irenaeus says, "Being obedient she became the cause of salvation for herself and for the whole human race." *(St. Irenaeus, Adv. haeres. 3, 22, 4: PG 7/1, 959A).*

Pope Benedict XVI says about Mary: "She always listens to us; she is always close to us, and being Mother of the Son, shares in the power of the Son and in His goodness.  We can always entrust the whole of our lives to Mary, who is not far from any one of us." *(Homily, Aug 15, 2005)*

# Todos Los Santos

**Lecturas:1) Apocalipsis 7, 2-4. 9-142) 1 Juan 3, 1-33) Mateo 5, 1-12a**

La fiesta de Todos los Santos, que hoy celebramos, debe hacernos meditar sobre cómo podremos conseguir una muerte digna cuando llegue nuestra hora. Nuestra meta tiene que ser que terminemos definitivamente unidos a Cristo. Situada entre la temporada veraniega con sus vacaciones y días bonitos y las fiestas de Navidad con sus preparativos y alegría, el día de hoy, Solemnidad de Todos los Santos, nos invita a un clima de reposo y serenidad. Nos debe hacer considerar que nuestra vida tiene un fin y que lo único que vale la pena en este mundo es seguir las enseñanzas de Cristo para poder terminar unidos a Él en el cielo.

El día de hoy a todos nos trae sentimientos diversos. Hay algunos que no quieren ni pensar en la muerte ni tampoco oír hablar de ella. Por el contrario, a un cristiano que está con Cristo, la muerte no le asusta. Incluso podrá ser, para él, motivo de alegría, como lo confirma la actitud que tuvieron muchos santos antes de la muerte. San Francisco de Asís, cuando le dijeron que iba a morir, "extendió los brazos y levantó sus manos hacia el cielo con gran devoción y reverencia y exclamó con gozo inmenso interior y exterior: 'Bienvenida sea mi hermana la muerte'". (*Leyenda de Perusa, 100*).

Las dos fiestas, Todos los Santos y el Día de los Difuntos, son idóneas para recordar las palabras que Jesús dijo: " Velad, pues, porque no sabéis el día ni la hora". (Mt 25, 13) Pero lo que sí sabemos con certeza es que ese día y esa hora sí llegarán para nosotros. Un día sí vamos a morir. Y no solamente es aconsejable pensar en la muerte sino también, y esto es lo más importante, ir aceptándola. Porque si no pensamos en ella, si la ignoramos, puede ocurrir que nos encuentre desprevenidos o mal preparados para encontrarnos cara a cara con Dios. Para no tener miedo a la muerte, solamente tenemos un camino: arrepentimiento. Si nos arrepentimos y pedimos perdón a Dios, estaremos preparados. No importa si nuestras culpas han sido grandes. Dios perdona siempre al pecador arrepentido.

En la Segunda Lectura, el Apóstol San Juan dice que no solamente nos llamamos hijos de Dios, sino que realmente lo somos. Ahora estamos en un proceso continuo de purificación, en un tiempo de espera y vigilia. La razón que San Juan nos pide una purificación es para que seamos más iguales a Cristo. Y como sabemos todos, la mejor manera de purificarnos aquí en la tierra es a través del Sacramento de la Confesión.

El Evangelio dice que Jesús subió a la montaña, se sentó y se acercaron sus discípulos. Y se puso a hablar, enseñándoles lo que debían hacer para alcanzar la felicidad verdadera en el cielo. Esto que les dijo es muy importante también para nosotros. A través de las Bienaventuranzas, Jesús nos dice cuáles son las dimensiones temporales de nuestra vida terrena que nos acercan más a la vida eterna. Lo que en realidad está diciendo es que los que le siguen fielmente, los humildes, los sencillos, los justos, los pobres de espíritu, todos los que sufren persecuciones por seguirle, llegarán a gozar eternamente de su presencia en el cielo.

Hermanos y hermanas, el día de hoy se presta a que nos hagamos estas preguntas: ¿Qué sucedería si Cristo me llamaba hoy? ¿Estoy preparado? ¿O mi alma está sucia de pecado? Pidamos, en esta festividad de Todos los Santos, ser liberados de nuestros pecados, nuestras imperfecciones, y nuestras miserias. Y recordemos siempre las palabras de Jesús en el Evangelio hoy, "Estad alegres y contentos, que vuestra recompensa será grande en el cielo".

# All Saints Day

**Readings:1) Revelation 7:2-4, 9-142) 1 John 3:1-33) Matthew 5:1-12a**

The feast of All Saints, which we celebrate today, should make us meditate about how we can attain a worthy death when our hour arrives. Our goal must be to end absolutely united to Christ. Situated between the summer season with its vacations and beautiful days and the Christmas holidays with their preparation and joy, today, the Solemnity of All Saints, invites us to a climate of repose and serenity. It should make us consider that our life has an end and that the only thing that is worth the effort in this world is to follow the teachings of Christ so that we can end up united with Him in heaven.

Today brings to all of us different feelings. Some people do not want to think about death nor hear anyone talk about it. On the contrary, for a Christian who is with Christ death is not frightening. It could even be that, for her or him, it is a cause for joy, as the attitude that many saints had when confronted with death shows. Saint Francis of Assisi, when they told him that he was going to die, "extended his arms and raised his hands towards heaven with great devotion and reverence and exclaimed with immense interior and exterior joy: "Welcomed are you, my Sister Death'." (*Legend of Perusa, 100*)

The two feasts, All Saints and All Souls, are ideal for remembering the words that Jesus said: "Therefore, stay awake, for you know neither the day nor the hour." (Mt 25:13) But what we do know with certainty is that our day and our hour will arrive. One day we will die. And it is not only advisable to think about death but also, and this is most important, we should begin to accept it. Because if we do not think about it, if we ignore it, it could be that it will come to us when we are unprepared or poorly prepared for our face to face encounter with God. In order for us not to be afraid of death, there is only one road: repentance. If we repent and ask God for pardon, we will be prepared. It does not matter if our faults are great. God always pardons a repentant sinner.

In the Second Reading, the Apostle Saint John says that not only do we call ourselves sons and daughters of God, we really are. Now we are in a continuous process of purification, a time of waiting and wakefulness. The reason that Saint John asks that we be purified is so that we can become more like Christ. And as we know, the best way to purify ourselves here on earth is through the Sacrament of Confession.

The Gospel Reading says that Jesus went up on the mountain, He sat down, and His disciples approached Him. And He began to speak to them, teaching them what they needed to do to reach the true happiness of heaven. What He said to them is very important for us also. Through the Beatitudes Jesus tells us what are the temporal dimensions of our earthly life that will bring us closer to eternal life. What He is saying in reality is that those who follow Him faithfully, the humble, the simple, the just, the poor in spirit, those who suffer persecution being His followers, will eternally enjoy His presence in heaven.

Brothers and sisters, today is a day for asking ourselves these questions: What would happen if Christ called me today? Am I prepared? Or is my soul sullied with sin? Let us pray, on this feast of All Saints, to be freed of our sins, our imperfections, and our miseries. And let us remember always the words of Jesus in the Gospel Reading today, "Rejoice and be glad, for your reward will be great in heaven."

# CICLO C – CYCLE C

## La Inmaculada Concepción

**Lecturas:1) Génesis 3, 9-15. 202) Efesios 1, 3-6. 11-123) Lucas 1, 26-38**

La fiesta de la Inmaculada Concepción, que ocurre durante la reflexión de las cuatro semanas de Adviento, es como una señal de esperanza alegre dentro de esta temporada austera. Para que la Virgen María fuera la Madre de Jesús, fue dotada, por Dios, con especiales dones y privilegios. Fue preservada inmune de toda mancha de pecado original en el primer instante de su concepción.

La Virgen María siempre será, para nosotros los Hispanos, alguien que llevamos muy dentro de nuestros corazones. La devoción a la Santísima Virgen es tradición en nuestros hogares, en nuestros pueblos y en nuestros países de origen. Este día que estamos celebrando, la Inmaculada Concepción, tiene un gran significado para nosotros. Y tiene un significado especial en este país ya que la Inmaculada Concepción es nuestra Santa Patrona. Dios mismo hizo que la Virgen estuviera libre de pecado desde el mismo momento de su concepción en el vientre de su madre. Fue preparada para una función decisiva en la historia de la salvación. Iba a ser nada menos que la Madre de Jesucristo, Nuestro Salvador.

Los cristianos que veneramos a la Santísima Virgen tenemos bien claro que ella es nuestro camino para llegar a Jesús. Sin duda, ha sido el Espíritu Santo quien ha enseñado en todas las épocas, que la manera más fácil de llegar al corazón del Señor es a través de María. Siempre debemos confiar en ella porque es la senda por donde se acorta el camino hacia el Salvador. Por mediación de ella nos acercaremos mucho más a Cristo y llegaremos más pronto a Él.

Muchos que se denominan cristianos, dejan traslucir, en su comportamiento y en cómo llevan su religión, que cuentan muy poco con la Virgen María. Es más, la mayoría de las veces la ignoran. Y si alguien intenta hablar de ella, o dice que ella nos conduce al Señor, no quieren ni escuchar ni saber nada sobre ese tema. Y hasta hemos observado que algunos quieren hacernos creer que la Santísima Virgen es un obstáculo para llegar a su Hijo, a Cristo, y que la devoción a ella disminuye la devoción al Señor. Estas personas siempre están haciendo preguntas cuya finalidad es confundirnos sobre el papel crucial que tuvo la Virgen María en nuestra salvación. Lo que están tratando de hacer es desorientarnos, usando palabras de la Virgen, e incluso de Jesús, fuera de contexto, para convencernos y hacernos creer que María no tiene ninguna importancia en el plan salvífico de Dios. Lo que les ocurre a estas personas es que como no creen en ella no reciben su protección y ayuda. Y les disgusta que nosotros creamos, por nuestra fe, y que consideremos a la Virgen, Madre Nuestra y, además, Amantísima.

La Sagrada Escritura nos explica claramente que en el plan salvífico del Señor, María siempre ha ocupado, por voluntad divina, un puesto crucial. Tanto en la Encarnación del Hijo de Dios como en la Redención, ella formó parte del plan de Dios para salvarnos. Es por eso que Dios concedió a la Virgen el don de ser concebida sin pecado. Y las personas que dicen que esto no fue así, es que no conocen la Sagrada Escritura y, debido a eso, no merecen ser escuchados.

Por la presencia, mediación e intercesión de la Virgen María, nos llega la salvación a todos los que sabemos valorarla y amarla. María es, por designio de Dios, Madre nuestra. Por eso debemos acudir a ella en todas las necesidades porque, constantemente, como humanos, tenemos necesidad de ayuda. Acudamos a ella. Ella es la Reina de Todo lo Creado y nunca nos abandonará.

# The Immaculate Conception

**Readings:1) Genesis 3:9-15, 202) Ephesians 1:3-6, 11-123) Luke 1:26-38**

Coming during the reflective atmosphere of the four weeks of Advent, the Solemnity of the Immaculate Conception is like a sign of joyful hope in this austere season. In order for the Virgin Mary to become the Mother of Jesus, God gave her special gifts and privileges. She was preserved from all stain of Original Sin from the first moment of her conception. That is the meaning of the Immaculate Conception.

The Virgin Mary will always be, for us Hispanics, someone we hold deep within our hearts. The devotion to the Blessed Virgin is a tradition in our homes, in our towns and in our countries of origin. This day that we celebrate today, the Immaculate Conception, is especially important for us. And it has special importance in this country, since the Immaculate Conception is our Holy Patroness. God himself willed that the Virgin should be free from sin from the moment of her conception in her mother's womb. This was to prepare her for a decisive role in the history of salvation. She would be nothing less than the Mother of Jesus Christ, our Savior.

We Christians who venerate the Blessed Virgin are completely sure that she is our road to Jesus. Without a doubt, it was the Holy Spirit who taught in all ages, that the easiest way to reach the heart of Jesus is through Mary. We should always trust in her because she is the path that shortens the road to him. Through her we will get closer to Christ and we will reach his side more quickly.

Many who call themselves Christian show, through their behavior and how they live out their religion, that they do not think the Virgin Mary is very important. What's more, the majority of the time they ignore her. And if someone tries to talk about her or tries to say that she leads us to the Lord, they refuse to listen or to learn anything about her. And we have even observed that some people want to make us believe that she is an obstacle for those who want to follow Christ and that devotion to her overshadows devotion to the Lord. These people are always asking questions that are meant to confuse us about the crucial role that the Blessed Virgin had in our salvation. What they try to do is disorient us, using the Virgin's own words and even Jesus' words, out of context, to convince us and make us believe that Mary is not important in salvation history. The problem is that since they do not believe in her they do not receive her protection and help. And they dislike hearing us say that we believe, because of our faith, that we consider that the Virgin is not only our Mother, she is our most beloved Mother.

Holy Scripture explains to us clearly that in the Lord's plan for salvation, Mary has always played a crucial role, because it is God's will that she do so. In the Incarnation of the Son of God, as well as in the Redemption, she was a part of God's plan to save us. For this reason God gave her the gift of being conceived without sin. And those people who say that this is not so do not understand Sacred Scripture and, because of this, they do not merit our attention.

Through the presence, mediation, and intercession of the Virgin Mary in our lives, those of us who value and love her will surely be saved. Mary is, by God's own design, our Mother. That is why we should call on her when we have problems because, as human beings, we always have need of help. Let us call on her. She is the Queen of All Creation and she will never abandon us.

# Navidad

Esta homilía se puede usar en cualquiera de las Misas de Navidad.

Hace más de dos mil años el mundo vivió la primera Navidad. El Mesías, anunciado por miles de años, había llegado por fin al mundo, pero no lo hizo mostrando su majestad y su poderío como se esperaba. En vez de eso, llegó revestido de pobreza al pesebre de una cuadra. En ese momento de su nacimiento, ni siquiera las autoridades locales sabían que había llegado al mundo el Rey de Reyes.

Durante las últimas semanas llevamos saliendo de tiendas, comprando y viendo lo adornados y bonitos que están los escaparates y comprando regalos y comida para este día. Estos días y estas preparaciones nos deben haber traído a la mente la imagen de hoy, 25 de Diciembre, fecha en la que todos, después de esta Eucaristía, nos diremos con alegría, "¡Feliz Navidad!" El ambiente que durante estas fiestas vemos a nuestro alrededor está lleno de cosas bonitas y apetitosas que nos tientan para que nos salgamos de nuestros presupuestos y, a veces, a gastar más de lo debido. Hagamos un momento de paz en estos días para pensar que este derroche de luces y adornos no se parece, en absoluto, al portal de Belén donde José y María se prepararon lo mejor que pudieron para que su Hijo, nuestro Redentor, naciera.

Ciertamente, estos días de Navidad son fiestas de alegría para celebrar y disfrutar pero sin olvidar a quien se debe esta gran festividad y quien debe ser el centro en nuestros corazones y en nuestras casas. Navidad primeramente es la celebración del nacimiento del Verbo Encarnado, Príncipe de la Paz. Y durante estos días tan señalados, debemos tratar que en nuestras casas, con nuestros familiares y amigos, reine mucho más la paz que la vanidad. Para que haya a nuestro alrededor paz y fraternidad no hace falta gastar a lo loco, dejándonos llevar por la demanda. Seamos personas responsables. Serán mucho más bonitas unas fiestas sencillas en familia, mostrando nuestra alegría, nuestra fe y nuestro amor al Niño Jesús.

Aunque en nuestros hogares no haya abundancia de cosas, sí debe haber serenidad y paz. Si conseguimos esto será el más bonito regalo que podremos ofrecer a nuestra familia y nuestros amigos. Aunque, por desgracia, para muchos, estas Navidades, como otras que ya se fueron, no serán así. En muchos hogares no estará Dios. Para personas que no celebran la Navidad con Dios, esta temporada será vacía y ruidosa. Muchos se dedicarán a beber y comer demasiado. Y de esa manera les será imposible experimentar la plenitud de amor y paz que el nacimiento de Nuestro Señor entre nosotros nos debe traer. En una palabra, para estas personas serán fiestas tristes y vacías. Pero, gracias a Dios, no será así para nosotros, los cristianos. Para nosotros, serán fiestas de oración y unidad. Nosotros sabemos muy bien que estas dos cosas son las que nos van a dar la verdadera felicidad y la armonía en nuestros hogares.

Solamente el hecho de recordar que en un día como hoy, hace más de dos mil años, nació nuestro Salvador, es motivo suficiente de alegría. La venida del Mesías es el motivo central de estas fiestas navideñas. Tenemos el regalo más precioso, que nos regaló Cristo, nuestra salvación.

En esta Santa Misa que, reunidos aquí como amigos y comunidad, estamos celebrando, propongámonos, para el nuevo año que está a punto de comenzar, hacer que el Mesías sea el centro absoluto en nuestra vida. A la vez, pidámosle a la Virgen María que ruegue por nosotros para que este propósito se cumpla y para que el Señor nos dé unas fiestas maravillosas.

# Christmas

This homily may be used for any of the Christmas Masses.

Over two thousand years ago, the world experienced the first Christmas. The Messiah, announced for thousands of years, had come into the world, but not exhibiting his majesty and his power, as was expected. Instead, he arrived clothed in poverty in a manger in a stable. When he was born not even the local authorities knew that the King of Kings had come into the world.

During the last few weeks, we have been shopping at stores, buying things and seeing how beautifully adorned the stores are, as we buy gifts and food for this day. During those days and throughout the preparations, we should have been thinking about today, December 25th, the date on which all of us, after this Holy Eucharist, will say to each other with joy, "Merry Christmas!" The atmosphere that surrounds us on these festive days is full of beautiful and appealing things that tempt us to forget our budgets and, at times, spend more than we should. Let us try to create a moment of peace during these days to think that this outpouring of lights and ornaments is nothing like the stable in Bethlehem where Joseph and Mary prepared, as best as they could, for the birth of their Son, our Redeemer.

It is true that these days of Christmas are holidays of joy made to celebrate and enjoy but let us not forget to whom we owe this great feast and who should be at the center of our hearts and of our homes. Christmas is primarily a celebration of the birth of the Divine Word, the Prince of Peace. During these important days, we should try to ensure that in our homes, with our family and friends, there should be more peace than vanity. For peace and love to abide in our homes, we do not need to spend a lot of money, allowing ourselves to be dragged along by a need to consume. We should be responsible persons. What would be much more beautiful would be a simple celebration with our family showing each other our joy, our faith, and our love for the Child Jesus.

Even though there may not be an abundance of material wealth in our homes, there should be serenity and peace. If we can attain this goal, we would have the best gift that anyone could give. Unfortunately, for many people, these Christmas days, like others that have passed, will not be that way. In many homes, God does not abide. For many people who do not celebrate Christmas with God this season is empty and loud. Many will turn to drink or to over-eating. It is impossible for them to feel the fullness of love and peace that the birth of Our Lord among us should bring. In a word, for these people, the holidays will be sad and lonely. However, thank God, it is not that way for those of us who are Christians. For us these will be days of prayer and unity. We know very well that these two things can give us true happiness and harmony in our homes.

Just remembering that on a day like today, more than two thousand years ago, our Savior was born, is enough reason for joy. The coming of the Messiah is the central point of these Christmas holidays. We have the most precious gift that Christ gave us, our salvation.

In this Holy Mass that we celebrate here together as friends and members of the community, let us resolve, for the year that is about to begin, to make the Messiah the absolute center of our lives. At the same time, let us ask the Virgin Mary to pray for us so that this will happen, so that the Lord may give us a marvelous holiday season.

# Santa María, Madre de Dios

**Lecturas:1) Números 6, 22-272) Gálatas 4, 4-73) Lucas 2, 16-21**

Durante estas fiestas navideñas, que celebramos con alegría, todos tenemos en nuestros corazones y en nuestras mentes la imagen de la Santísima Virgen María con su Hijo recién nacido, Jesús. La vemos en todos los belenes, y también en las postales navideñas que hemos recibido de nuestros seres queridos y amigos. Estamos aquí reunidos como familia de Dios celebrando la maternidad de María, ya que en este hecho se centra la fiesta de hoy. En esta Solemnidad, la Iglesia nos presenta a la Santísima Virgen María como Madre de Dios. La Sagrada Escritura nos muestra cómo María engendró, por obra del Espíritu Santo, a Cristo, Nuestro Salvador.

Hemos entrado en un Nuevo Año y todos deseamos ardientemente que nos traiga salud y paz a nosotros y a nuestros familiares. Y, como cada año, estamos iniciando este nuevo año bajo la protección de la Virgen, Madre de Cristo y Madre Nuestra. No podemos pedir mejor regalo, pues estar bajo su protección es una gran dicha. Sabemos que ella es la que nos encamina hacia Nuestro Señor Jesucristo. Recordemos que la Iglesia nos dice que el mismo Cristo nos dio a María como Madre de Toda la Humanidad. Reconocemos que la Virgen es la Madre de Cristo y, por lo tanto, Madre de Dios. Pero también es Madre de la Iglesia porque la Iglesia es el Cuerpo de Cristo. Debido a esto, la misión de María es completamente inseparable de la misión que tiene la Iglesia, que es guardar y reavivar la memoria de Jesucristo, Nuestro Señor.

El Concilio Vaticano Segundo, en la Constitución Pastoral, *Lumen Gentium,* deja bien claro que el papel de María, como Madre de la humanidad, de ninguna manera hace sombra a Cristo. Por el contrario, subraya la importancia de su Hijo, Jesús, en la historia de la salvación. Es muy importante tener presente que el género humano solo pudo ser salvado por el sacrificio que padeció el Señor, en su propia carne. Y fue a través de la milagrosa concepción y nacimiento de Cristo que Dios quiso subrayar, a la vez, la divinidad y la humanidad de su Hijo. Por lo tanto, la Maternidad de la Virgen María es un hecho que muestra y respalda la milagrosa redención de la humanidad.

San Pablo, en la Segunda Lectura, dice que cuando se cumplió el tiempo, envió Dios a su Hijo, nacido de una mujer, nacido bajo la ley. Al decir esto, nos explica que Jesús nació y se hizo hombre, igual a nosotros. Se encarnó, tomó la naturaleza humana, por mediación de las entrañas purísimas de la Virgen.

En el Nuevo Testamento, en el relato de la vida, muerte y resurrección de Nuestro Señor se encuentra la misión primordial que tuvo la Santísima Virgen en la historia de la salvación de la humanidad. La Biblia nos ayudará a meditar sobre cómo María fue elevada a la dignidad de Madre de Dios. Además la Biblia nos dice que Jesucristo mismo, en la Cruz, le dijo a San Juan, "He aquí a tu Madre". Y la Iglesia ha enseñado a lo largo de la historia que de esa forma sencilla, con pocas palabras, el Señor dio a la humanidad el privilegio de llamar a la Virgen María nuestra Madre.

Al comenzar un nuevo año, tenemos la costumbre de hacer muchos y buenos propósitos. Hay un refrán muy popular que dice, "Año Nuevo, vida nueva". Pidámosle a la Santísima Virgen, nuestra Madre, que nos ayude a cumplir todos estos buenos deseos que hay en nuestros corazones, pero especialmente que, por mediación de ella, nos muestre el camino hacia su Hijo, nuestro Señor Jesucristo.

# Mary the Mother of God

**Readings:1) Numbers 6:22-272) Galatians 4:4-73) Luke 2:16-21**

During these Christmas holidays, which we joyfully celebrate, we maintain in our hearts and in our minds the image of the Most Holy Virgin Mary with her newborn son, Jesus. We see her in all of the Crib Scenes as well as in the Christmas cards that we receive from our family and friends. We are here, gathered together as the family of God, celebrating the maternity of Mary. This is the central theme of the feast day today. In this solemnity, the Church describes the Most Holy Virgin Mary as the Mother of God. Sacred Scripture shows us how Mary gave birth, through the action of the Holy Spirit, to Christ, Our Savior.

We have entered into a New Year and all of us fervently hope that it will bring health and peace to us and to our family. As we do every year, we begin this New Year under the protection of the Virgin Mary, Mother of God and our Mother. We could not ask for a better gift, for to be protected by her is a great blessing. We know that she is the one who will lead us to Our Lord, Jesus Christ. The Church tells us that Christ himself gave us Mary to be the Mother of Humanity. We know that the Virgin Mary is the Mother of Christ and, therefore, the Mother of God but she is also the Mother of the Church since the Church is the Body of Christ. Because of this, Mary's mission is totally inseparable from the mission that the Church has, which is to protect and keep alive the memory of Jesus Christ, Our Lord.

The Second Vatican Council, in the Pastoral Constitution, *Lumen Gentium,* clearly states that the role of Mary, as Mother of Humanity, in no way overshadows Christ. On the contrary, it underscores the importance of her Son, Jesus Christ, in the history of salvation. It is very important for us to understand that the human race could only be saved through the sacrifice that the Lord suffered, in his own flesh. And it was through the miraculous conception and birth of Christ that God chose to emphasize, at one and the same time, the divinity and the humanity of his Son. Therefore, the Maternity of the Virgin Mary is a reality that shows forth and supports the miraculous redemption of humanity.

Saint Paul, in the Second Reading, says that when the time was ripe, God sent us his Son, born of a woman, born under the law. By saying this, he explains to us that Jesus was born and became an adult, just as we do. He took flesh - he took on human nature - through the most pure womb of the Virgin.

In the New Testament, in the story of the life, death, and resurrection of Our Lord, we find a description of the fundamental role that the Most Blessed Virgin had in the history of the salvation of humanity. The Bible helps us to meditate on how Mary was given the honor of becoming the Mother of God. It also tells us that that Jesus Christ, himself, on the Cross, told Saint John, "Behold your mother." The Church has taught, throughout her history that in this simple fashion, with just a few words, the Lord gave humanity the privilege of calling the Virgin Mary our Mother.

When a new year begins, we usually make many, good resolutions. There is a very popular saying that says, "New Year, new life." Let us pray to the Most Holy Virgin, our Mother, that she may help us to fulfill those good wishes that are in our hearts, but especially that, through her, we may find the road that leads us to her Son, Our Lord, Jesus Christ.

# La Ascensión

**Lecturas: 1) Hechos 1, 1-11 2) Hebreos 9, 24-28; 10, 19-23 3) Lucas 24, 46-53**

Al celebrar hoy la Solemnidad de la Ascensión del Señor, conmemoramos el día en que su vida había llegado a la plenitud. Cristo trajo a este mundo la misión de salvarnos con su propia muerte. Y cuando llegó la hora designada por el Padre, Jesús volvió al cielo. En la Primera Lectura de los Hechos de los Apóstoles, San Lucas describe cómo Jesús ascendió al cielo. Antes de partir, bendijo a los apóstoles y les prometió enviarles el Espíritu Santo que les daría la fuerza para ser sus testigos, "hasta los confines de la tierra". Después de ver a Jesús ascender al cielo, se les aparecieron a los apóstoles, dos ángeles que les dijeron, "Galileos, ¿qué hacen aquí mirando al cielo? El mismo Jesús, que les ha dejado para subir al cielo, volverá como lo han visto marchar".

Aunque Cristo se fue de este mundo, sigue estando con nosotros. Esto no ha cambiado desde los tiempos de los Apóstoles hasta hoy. Lo que ha cambiado es que nosotros no podemos verlo de la misma manera que lo veían ellos. Cuando estaba aquí en la tierra, antes de su Ascensión al cielo, predicaba cara a cara. Las personas podían verlo y escuchar su propia voz. Los apóstoles presenciaban todo esto, incluso las curaciones que el Señor hizo con sus propias manos. Pero a pesar de eso, a pesar de toda la sabiduría que habían adquirido de Él, aún les faltaba fe. Incluso tuvieron miedo cuando el Señor les habló de su muerte y resurrección. Esto ya lo sabía el Señor. Por eso les dijo que les enviaría el Espíritu Santo. Él sabía que eso les iba a fortalecer en la fe. Y así ocurrió. Los apóstoles, después de presenciar la Ascensión del Señor, regresaron con gran alegría a Jerusalén como el Señor les había encomendado y donde les dijo que debían esperar. Nueve días después, el Domingo de Pentecostés, los apóstoles recibieron la gracia del Espíritu Santo y comenzaron la tarea de evangelización que el Señor les había confiado. A partir de ese momento, los apóstoles se convirtieron en los testigos del reino que no tendrá fin.

La Ascensión de Jesús nos pide a cada persona una superación. Nos pide que nos perfeccionemos, que cada día vayamos mejorando en nuestra manera de vivir. En nuestra vida debe brillar Cristo y su presencia se debe traslucir en nuestra fe. En esta vida no podremos llegar a la plenitud espiritual. Pero el Señor nos invita a que sigamos intentándolo hasta el final de nuestros días. Él mismo es la garantía de la recompensa que recibiremos al final. Cristo, con su muerte y resurrección, nos salvó de las consecuencias del pecado original. A partir de ese momento, las puertas del cielo fueron abiertas a la humanidad, y nuestra propia salvación queda en nuestras manos. Para conseguirla, tendremos que seguir los mandamientos y todo lo que Cristo nos pide en las escrituras. La Ascensión marca el final de la misión terrenal de Cristo pero también marca el comienzo de nuestra misión como discípulos suyos. Tenemos una tarea y esta es tratar de comprender con más claridad cada día, la llamada que Él nos hace.

En la Segunda Lectura, San Pablo les dice a los Hebreos, que Cristo se manifestó una sola vez, en el momento culminante de la historia, para destruir el pecado. Nuestro destino es morir una sola vez. Después de la muerte, vendrá el juicio personal, cuando nos encontraremos cara a cara con Cristo. Si le hemos seguido con fidelidad, tendremos la inmensa dicha de saber que Él estará allí y nos invitará a entrar en su Reino.

Jesús ha entrado en el santuario, o sea en el cielo. Todos los que le seguimos con valentía y entereza seremos admitidos por Él en su gloria para toda la eternidad.

# The Ascension

**Readings:1) Acts 1:1-112) Hebrews 9:24-28; 10:19-233) Luke 24:46-53**

As we celebrate today the Solemnity of the Ascension of Our Lord, we commemorate the day in which his life had reached its fullness. Christ came to this world with a mission to save us through his own death. And when the time appointed by the Father had arrived, Jesus returned to heaven. In the First Reading from the Acts of the Apostles, Saint Luke describes to us how Jesus ascended into heaven. Before he left, he blessed the apostles and promised that he would send them the Holy Spirit who would give them the strength they needed to be his witnesses, "unto the ends of the earth." After seeing Jesus go up to heaven, the apostles met two angels who said to them, "Galileans, what are you doing here looking up into the heavens? The same Jesus who has left to go up to heaven will return in the same way that you have seen him leave."

Even though Christ has left this world, he continues to be with us. This has not changed from apostolic times to today. What has changed is that we can no longer see him as the apostles did. When he was on this earth, before his Ascension into heaven, Jesus preached face to face. People could see him and hear his voice. The apostles witnessed all of this, including the miraculous cures that he performed with his own hands. In spite of this, in spite of all of the knowledge that they had acquired from him, the apostles still did not have enough faith; they even felt fearful when the Lord told them about his death and resurrection. The Lord already knew this. That is why he told them that he would send them the Holy Spirit. He knew that knowing this would strengthen their faith. And that is just what happened. The apostles, after witnessing the Ascension of the Lord, returned with great joy to Jerusalem, as the Lord had asked them to do, and where he told them to wait. Nine days later, on Pentecost Sunday, the apostles received the grace of the Holy Spirit and began the task of evangelization that the Lord had entrusted to them. From that moment on, they were transformed into witnesses of the kingdom that will have no end.

The Ascension makes it incumbent on each person to try to do better. It tells us that we need to try to reach perfection, that every day we should try to better the way that we live. In our life, Christ should shine out, and his presence should show forth in our faith. In this life we will not reach our maximum spiritual potential. But the Lord invites us to continue trying to better ourselves until the end of our days. He is the guarantee of the reward that we will receive in the end. Christ, by his death and resurrection, saved us from the consequences of original sin. From that moment on, the doors of heaven were opened to humanity and our salvation is in our own hands. We can reach that salvation if we obey the commandments and everything that Christ asks us to do in Scripture. The Ascension marks the end of Christ's earthly mission but it also marks the beginning of our own mission as his disciples. We have a task, a mission, which is to try to understand more clearly every day the calling he has given us.

In the Second Reading, Saint Paul tells the Hebrews, that Christ came to earth only once, at the crucial time in history, to destroy sin. Our destiny is to die only once. After death, we will have a personal judgment, when we will meet Christ face to face. If we have followed him faithfully, we will have the great joy of knowing that he will be there and he will invite us to enter into his Kingdom.

Jesus has already entered into the sanctuary, in other words into heaven. All of us who follow him with courage and integrity will be allowed to enter into his glory for eternity.

# La Resurrección de Nuestro Señor y Salvador Jesucristo

Esta homilía se puede usar en cualquiera de las Misas de Domingo de Resurrección.

¡Jesucristo ha resucitado de entre los muertos! ¡Aleluya!

La palabra aleluya significa "alaba a Dios". Dichosos los que lo alaban y lo siguen. Durante toda la historia de la humanidad, ningún otro acontecimiento ha sido reconocido comparable al que tuvo lugar la mañana del Domingo de Resurrección cuando las mujeres fueron al sepulcro y descubrieron que estaba vacío. Sin embargo, este acontecimiento, la gloriosa Resurrección de Nuestro Señor y Salvador, Jesucristo, sólo podrá ser reconocido por mediación de la fe. Con la Resurrección de Cristo nació una nueva etapa en la historia salvífica de la humanidad. Comenzó un nuevo capítulo en la historia del amor que Dios siente por el género humano.

Los apóstoles, Pedro y Juan, avisados por las mujeres, llegaron corriendo, casi sin aliento, al sepulcro vacío de Jesús. Pasaron de un angustioso miedo a una alegría inmensa. Comprobaron que era verdad, Jesús no estaba allí. Había resucitado.

Por la fe, los Cristianos sabemos que la Resurrección de Cristo no es solamente un hecho histórico. Este hecho, que debe ser tan importante en la vida de todo cristiano, ocurrió hace más de dos mil años. Todos debemos ver en la Resurrección el misterio de la redención del género humano y, particularmente, nuestra propia redención. Jesucristo está vivo. Vive hoy, y cada día, con nosotros. Con su Resurrección cambió todo el sentido de la fe y la religiosidad del Pueblo de Dios. La Resurrección gloriosa y triunfante de Cristo no sólo constituye la confirmación de todo lo que Él había hecho y enseñado durante el transcurso de su vida terrena, sino que nos confirma, definitivamente, su autoridad y proveniencia divina y su poder absoluto sobre la vida y la muerte. Él dijo que resucitaría al tercer día y cumplió su promesa.

Cada cristiano, en el ámbito personal, tiene hoy, día de la Resurrección de Cristo, gran motivo para alegrarse. Su Resurrección nos muestra dos aspectos del Misterio Pascual que son primordiales para nuestra vida personal. El Pregón Pascual, cantado por el Diácono, nos ha enseñado que por su Resurrección el Señor nos ha salvado del pecado y nos ha dado la oportunidad de compartir plenamente el amor a Dios. ¡Celebremos con alegría este gran acontecimiento!

La misa que estamos celebrando está llena de simbolismos. Durante la misa hemos comprobado que la Iglesia quedó a oscuras y cómo el cirio pascual se encendió mientras se cantaba "Luz de Cristo". Simbólicamente esto nos enseña cómo la humanidad estaba en tinieblas antes de llegar Cristo. Hemos visto la iglesia a oscuras. Y cómo después entró la luz. Cristo es la luz que alumbra nuestra vida. Él destruye la oscuridad. Es el fuego que arde sin apagarse. Y Él es quien nos guía, si queremos seguirle, hacia el camino de nuestra liberación.

¡Cristo ha resucitado! ¡Aleluya!

# The Resurrection of Our Lord and Savior Jesus Christ

This homily may be used for any of the Easter Masses.

Jesus Christ has risen from the dead! Alleluia!

The word Alleluia means, "Praise God." Happy are those who praise and follow him. During the history of humanity no other event has been recognized that is comparable to the one that took place on the morning of Easter Sunday when the women went to the tomb and discovered that it was empty. Nevertheless, this event, the glorious Resurrection of Our Lord and Savior, Jesus Christ, can only be recognized, as such, through faith. With the Resurrection of Christ a new era came to pass in the history of salvation of humanity. A new chapter began in the history of the love that God feels for the human race.

The apostles, Peter and John, informed by the women, arrived almost out of breath, after running to see the empty tomb of Jesus. They went from worried fear to great happiness. They saw that it was true. Jesus was not there. He had arisen!

Through faith, we Christians know that the Resurrection of Christ is not just a historical event. This event, which should be so important in the life of every Christian, occurred more than 2,000 years ago. We should all see, in the Resurrection, the mystery of the redemption of the human race and, particularly, our own redemption. Jesus Christ lives. He lives today, and every day, with us. Through his Resurrection he changed the course of the faith and the religious attitude of the People of God. The glorious and triumphant Resurrection of Christ not only constitutes the confirmation of everything that he did and taught during the course of his earthly life, it also confirms for us, definitively, his authority and divine origin and his absolute power over life and death. He said that he would rise from the dead on the third day and he kept his promise.

Each Christian, in his or her personal life, has today, the day of Christ's Resurrection, a great reason to celebrate. His Resurrection shows us two aspects of the Paschal Mystery that are fundamental for our personal lives. The Easter Proclamation, the Exultet, which is sung by the Deacon, has shown us that through his Resurrection the Lord has saved us from sin and that it has given us a chance to fully share in God's love. Let us joyfully celebrate this great event.

The Masses that we celebrate today are full of symbolism. During the Mass we saw the darkened church and how the Easter Candle was lit as we sang, "Christ our Light." This is a symbolic representation of how humanity was in darkness before the coming of Christ. We saw the church in darkness. And afterwards the light entered into the church. Christ is the light that lights up our life. He destroys all darkness. He is the fire that burns without being quenched. And he is the one who guides us, if we care to follow him, on the road to our freedom.

Christ has risen! Alleluia!

# La Asunción

**Lecturas: 1) Apocalipsis 11, 19a; 12, 1-6a. 10ab2) 1 Corintios 15:20-273) Lucas 1, 39-56**

Hoy, en esta Santa Misa, celebramos la Solemnidad de la Asunción de La Santísima Virgen María. El día 1 de Noviembre de 1950, hace más de medio siglo, el Papa Pío XII proclamó que la Asunción de la Santísima Virgen en cuerpo y alma al cielo es dogma de fe. La Iglesia, a través de esta Solemnidad que estamos celebrando, nos dice que la Virgen María fue glorificada, alcanzando anticipadamente, la resurrección de cuerpo y alma que nosotros, por la gracia de Dios, esperamos alcanzar algún día también.

La Oración Colecta, que hemos escuchado al comienzo de la Misa, nos anima a meditar sobre cómo Dios quiso elevar a María a la dignidad de Madre de su Hijo. Y Jesús, antes de partir de este mundo, nos la dio a nosotros también como Madre. La Virgen María es venerada por la Iglesia, no solamente por ser la Madre de Jesucristo, que ya es suficiente motivo para venerarla, sino también porque fue la primera que escuchó y cumplió la palabra evangélica de la liberación de la humanidad. Ella fue la primera que creyó sin vacilaciones y sin titubeos en Jesús. Ella fue la primera cristiana.

Hoy celebramos la victoria de Nuestro Señor sobre la muerte. Hace más de dos mil años la Virgen María, su Madre, fue asunta y llevada por Él en cuerpo y alma al cielo y hubo gran alegría entre los ángeles y los santos. El significado de la fiesta de hoy es que la Virgen María, que fue concebida sin pecado, y que nunca pecó durante su vida, ha sido glorificada por su Hijo en cuerpo y alma. Ha recibido, con antelación, el mismo premio que podremos recibir todos los resucitados después de nuestra muerte y del último juicio. Para eso tenemos que hacer lo que hacía la Virgen. Primeramente es seguir a su Hijo, Nuestro Señor, y creer en Él firmemente. Sabemos que ella no pecó y en eso se difiere de nosotros. Pero nosotros, que somos pecadores podemos confesar nuestros pecados a menudo. Y así podremos alcanzar lo que la Virgen ya alcanzó en el mismo instante de su muerte.

Ya desde los tiempos de los primeros cristianos, se creyó firmemente que Jesucristo no podía permitir que su Madre padeciera la corrupción del sepulcro. Recordemos que María vino a este mundo preparada por Dios para una gran misión: ser la Madre de nuestro Salvador. En el Evangelio, Santa Isabel, prima de la Virgen María, dijo de ella que era "bendita entre todas las mujeres," porque bendito fue el fruto de su vientre, Jesús. San Gabriel llamó a la Virgen, "la llena de gracia". Su Asunción viene a ser la culminación de todas las gracias concedidas a la Virgen en atención a su divina maternidad. Así nos lo enseña la Iglesia y así mismo lo entendieron los Santos Padres que escribieron sobre este hecho grandioso.

Algunos teólogos formulan teorías sobre la Asunción, deliberando sobre cómo pudo suceder. Nosotros sabemos que solo hay una manera de comprenderlo y es por la fe. Creemos firmemente que Jesucristo ensalzó a su Madre llevándola al cielo y coronándola de gloria. De esta manera la compensó anticipadamente de todos los dolores intensos que padeció ella durante su vida terrenal. E incluso sin fe podríamos comprender este hecho. Cualquier buen hijo, aquí en la tierra, compensa a su madre, en cuanto le es posible, de los trabajos y padecimientos sufridos por él y por la familia. La Virgen nos pide ahora, desde el cielo, que confiemos en ella y que sigamos a su Hijo con fidelidad como lo hizo ella. La Iglesia nos exhorta a que cumplamos siempre los mandatos del Señor para que, como la Santísima Virgen, lleguemos algún día a participar de su misma gloria en el cielo.

# The Assumption

**Readings: 1) Revelation 11:19a; 12:1-6a; 10ab 2) 1 Corinthians 15:20-27 3) Luke 1:39-56**

Today, in this Holy Mass, we celebrate the Solemnity of the Assumption of the Blessed Virgin Mary. On November 1, 1950, more than half a century ago, Pope Pius XII proclaimed that the Assumption of the Blessed Virgin in body and soul into heaven is a dogma of faith. The Church, through this Solemnity that we are celebrating, tells us that the Virgin Mary was glorified, reaching in advance, the resurrection of body and soul that we, through the grace of God, also hope to attain someday.

The Opening Prayer, which we heard at the beginning of Mass, urges us to meditate on how God the Father chose to exalt Mary by allowing her to become the Mother of his Son. And Jesus, before he left this world, gave her to us so that she would also be our Mother. The Virgin Mary is venerated by the Church, not only because she is the Mother of Jesus Christ, which is already sufficient reason to venerate her, but also because she was the first to hear and obey the good news of the liberation of humanity from sin. She was the first one who believed in Jesus without trepidation or temerity. She was the first Christian.

Today we celebrate the victory of Our Lord over death. More than two thousand years ago, the Virgin Mary, his Mother, was taken up by him into heaven, in body and soul, and there was great rejoicing among the angels and the saints. The significance of the feast today is that the Virgin Mary, who was conceived without sin and who never sinned during her life, has been glorified by her Son in body and soul. She received, ahead of time, the same reward that all of us will receive upon our resurrection after our death and the last judgment. But in order for us to receive this reward, we have to do as the Virgin Mary did. First of all, this means following her Son, Our Lord, as well as steadfastly believing in him. We know that she was without sin and in this we differ from her. But we, who are sinners, can confess our sins frequently. In this way we can reach the same reward that the Virgin Mary received moments after her death.

The earliest Christians already firmly believed that Jesus could not permit that his Mother should suffer the corruption of the tomb. We should remember that Mary came into this world prepared by God for her great mission in life: to be the Mother of Our Lord. In the Gospel Reading, Saint Elizabeth, a cousin of the Virgin Mary, said that she was "blessed among women," because blessed was the fruit of her womb, Jesus. Saint Gabriel called Mary, "full of grace." Mary's Assumption was the culmination of all of the graces given to her because of her divine maternity. That is what the Church teaches us and that is what the Holy Fathers of the Church wrote about when they described this glorious event.

Some theologians today formulate theories about the Assumption, trying to come up with how this could happen. We know that there is only one way of comprehending it and that is through faith. We firmly believe that Jesus Christ glorified his Mother taking her up into heaven and crowning her in glory. In this way he compensated her ahead of time for the intense sorrow that she suffered during her earthly life. But even without faith we can still understand why this happened. Which good son or daughter, here on earth, would not want to compensate his or her mother, in whatever way possible, for the work and heartache she suffered for her children and her family? The Virgin Mary asks us now, from heaven, to trust in her and to follow her son as faithfully as she did. The Church exhorts us to follow the commandments of the Lord so that, like the Blessed Mother, we can someday share with her the glory of heaven.

# Todos Los Santos

**Lecturas:1) Apocalipsis 7, 2-4. 9-142) 1 Juan 3, 1-33) Mateo 5, 1-12a**

Estamos celebrando la Solemnidad de Todos los Santos, celebración de la comunión de los santos. Los Católicos creemos en la comunión de todos los fieles cristianos, de los que aún peregrinamos en la tierra, de los que se están purificando en el Purgatorio y de los que ya gozan de la bienaventuranza celestial. Todos estamos unidos en una sola Iglesia. Creemos, igualmente, que, por ser miembros de esta comunión, tenemos a nuestra disposición el amor misericordioso de Dios y de sus santos.

Hay personas que piensan y oran por sus difuntos en cada misa. Otras personas, en cambio, solo piensan en sus difuntos cuando llega el mes de Noviembre y la Solemnidad de Todos los Santos. Siempre debemos pedir al Señor por nuestros seres queridos, para que perdone sus faltas y les dé el descanso eterno. Sin embargo, hoy pedimos a todos los santos que ya están en la presencia de Dios, que intercedan por nosotros. La Iglesia nos dice en cada Santa Misa, y también nos lo dice hoy, que los santos oran por nosotros constantemente.

La Solemnidad de Todos los Santos nos recuerda, con más insistencia, algo que todos debemos saber: que la muerte está presente en nosotros desde el día de nuestro nacimiento. Nuestro andar por la vida está encaminado irremediablemente a que un día vamos a morir. Todo pasará y todo llegará a su fin. Los que viven apartados de Dios y no se arrepienten a tiempo encontrarán el infierno. Y los que están unidos a Dios encontrarán el cielo.

Si queremos un día llegar al cielo y ser santos, nuestra meta tiene que ser acumular bienes espirituales en esta vida en lugar de bienes terrenales. Los bienes espirituales nos encaminarán hacia el cielo y hacia Dios. Esos bienes son los que llevaremos con nosotros en el tránsito de esta vida a la otra. Pero debemos tener en cuenta que para ser santos no necesitamos hacer cosas extraordinarias. Lo que tenemos que hacer es llevar bien nuestros deberes de cada día. Justamente eso es lo que hicieron los grandes santos. Fueron seres humanos iguales a nosotros. La diferencia es que ellos alcanzaron la plenitud, y hoy están contemplando toda la gloria de Dios, porque supieron vivir sus vidas con dignidad. Tuvieron tentaciones, dificultades, y enfermedades como las tenemos nosotros. Llegaron a la santidad porque supieron vencer todos estos problemas con paciencia y oración, ofreciendo a Dios sus padecimientos, lo bueno de cada día y lo malo, y cumpliendo sus obligaciones. Nosotros debemos imitarles para que después de nuestra muerte podamos alcanzar, como ellos, la salvación que Dios nos promete.

Pensar en la muerte no es algo que se hace mucho en esta sociedad. Muy pocas personas quieren hablar de ella y mucho menos pensar en ella. Pero no ayuda el no pensar en ella. Tengamos en cuenta que no sabemos a quién, ni a qué hora, el Señor llamará. Todos estamos entre el vivir y el morir. Debemos ir familiarizándonos con este momento supremo, preparándonos para este instante, con oración y buenas obras. Precisamente la Misa, que tiene un valor incalculable, podremos ofrecerla para nuestros difuntos o para nosotros mismos. También podemos pedirles a los grandes santos, que ya están en la presencia de Dios, que intercedan por nosotros.

Tengamos siempre la certeza de que vale la pena seguir a Cristo. Si lo hacemos podremos gozar definitivamente de su presencia y de la compañía de nuestros seres queridos en el cielo.

# All Saints Day

**Readings:1) Revelation 7:2-4, 9-142) 1 John 3:1-33) Matthew 5:1-12a**

We are celebrating the Solemnity of All the Saints, a celebration of the communion of saints. We Catholics believe in the communion of all faithful Christians, those of us who continue our pilgrimage on earth, those who are still being purified in Purgatory, and those that who already enjoy the happiness of heaven. We are all united in one Church. We also believe that because we are members of this communion we receive the merciful love of God and of the saints.

There are people who in every Mass remember and pray for those who have passed away whom they loved. Others only think of their departed friends and family in November on All Saints Day. We should always pray to the Lord for our loved ones, so that their sins may be forgiven and they may enter into their eternal rest. But today we pray to all of the saints that already are in the presence of God, that they may intercede for us. The Church tells us in each Holy Mass that the saints pray for us constantly, and she tells us the same thing today.

The Solemnity of All Saints firmly reminds us of something that we already know: that death is our destiny from the moment of our birth. Our life is an unswerving road that leads us to the day of our death. Everything will pass and everything will reach its end. Those who turn their backs on God and refuse to repent will end up in Hell. Those who are one with God will end up in Heaven.

If we want to go to heaven some day and become saints, our goal should be to accumulate spiritual goods in this life instead of earthly goods. Those spiritual goods will place us on the road to heaven and to God. Those goods are the ones that we will take with us on our voyage from one life to the other. We should remember, however, that to be a saint we need not do any extraordinary things. We must do well all of those things that we are called to do every day. That is exactly what the great saints did. They were human beings, just like us. The difference is that they lived life fully, and today they contemplate the glory of God, because they knew how to live their lives with dignity. They had temptations, difficulties, and sicknesses just as we do. They became saints because they knew how to overcome those problems with patience and prayer, offering to God their suffering, the good and the bad they experienced daily, and they did what they had to do. We should imitate them so that after we die we can reach, with them, the salvation that God promises us.

Thinking of death is not something that is done very much in this society. Very few people want to talk about it, much less think about it. But not thinking about it does not help much. We do not know whom, or when, the Lord will call. We all exist between life and death. We should become familiar with this supreme moment, preparing ourselves for it with prayer and good works. It is precisely the Mass, which has an incalculable value, which we can offer for our beloved departed or for ourselves. We can also ask the great saints, who are already in the presence of God, to intercede for us.

We should never doubt that following Christ is worth the effort it takes. If we follow him, we will surely be able to feel the joy of his presence and the company of our loved ones in Heaven.

## Matrimonio

Hermanas y hermanos. El Rito de Matrimonio que están presenciando hoy está rodeado de señales externas, de gestos a través de los cuales la Iglesia enmarca el momento solemne cuando los novios pronuncian sus votos y realizan así la entrega mutua que constituye el sacramento del matrimonio. Hoy, nos hemos reunido para ser testigos de ese momento cuando N y N expresan su deseo de unirse en este sacramento. La Iglesia oficialmente define el matrimonio como una alianza entre una mujer y un hombre por el bien de los cónyuges y la generación y educación de los hijos.

Antes de ese consentimiento les pido que mediten un poco sobre este sacramento que vamos a presenciar. El primer libro de la Biblia, Génesis, nos dice que Dios dijo" «Hagamos al hombre a nuestra imagen, conforme a nuestra semejanza… entonces "creó Dios al hombre a su imagen, a imagen de Dios lo creó; varón y hembra los creó." Y "Los bendijo Dios y les dijo: «Fructificad y multiplicaos;" De esta manera Dios creó el sacramento natural del matrimonio.

En el Libro de Tobit, Tobías y Sara, en su noche de bodas, rezan a Dios pidiéndole que durante su vida matrimonial tenga misericordia de ellos y les mantenga seguros, que les de largas vidas juntos llenas de felicidad y de amor. Tobías y Sara quieren que su matrimonio sea un compromiso de toda la vida por toda la vida. Para ellos, el matrimonio es un sacramento – una señal externa de la gracia que Dios les da, a través del matrimonio, para fortalecerles.

Dios es perfectamente capaz de bendecirnos con su gracia sin ninguna señal externa. Pero Dios sabe que somos seres físicos. Reaccionamos a señales físicas mucho más que a las sugerencias místicas. Jesús mismo, teniendo una naturaleza humana, usaba el mundo físico como imagen de la gracia sagrada que no se ve ni se puede palpar. Cuando Jesús fue a las bodas de Caná, bendijo, con su presencia, el matrimonio que estaba presenciando. Jesús ya sabía que el matrimonio era sagrado. En el Evangelio de San Mateo cuando unos fariseos le preguntaron a Jesús si era lícito el divorcio, Él les contestó diciendo: "¿No han leído que el que los creó en el principio, los hizo hombre y mujer? Y dijo: "Por esta causa el hombre dejará a su padre y a su madre, y se unirá a su mujer; y serán los dos una sola carne". Así que ya no son más dos, sino una sola carne. Por tanto, lo que Dios ha unido, no lo separe el hombre." (Mt 19, 4-6)

Nosotros, como nuestros antepasados en la fe, los judíos, firmemente creemos que el matrimonio es un sacramento creado por Dios y basado en la fe y la oración. Es sacramento natural creado por Dios en el Jardín de Edén que fue elevado a sacramento sobrenatural por Jesús. Dios continúa bendiciendo a los que se casan sacramentalmente, los que viven su matrimonio bajo la mirada amorosa de Dios.

Adán y Eva fueron creados el uno para el otro. Ambos juntos constituyen la imagen y semejanza de Dios. Dios creó a Adán y Eva para ser completos, para que pudieran complementarse y formar un vínculo inquebrantable. Por esta razón fue creado el matrimonio por Dios.

Por desgracia, el pecado inicial de orgullo que cometieron Adán y Eva, y que hoy en día llamamos el Pecado Original, fue la causa de su expulsión del Jardín del Edén. Sin embargo, de todos los dones que Dios les había concedido al ser creados, se les permitió quedarse con uno: el don del amor mutuo, el don de poder compartir juntos toda la vida por toda la vida, el don del matrimonio.

Hermanas y hermanos, demos gracias a Dios por este matrimonio entre N y N. Pidamos a Dios que les de largas vidas juntos, que su matrimonio sea colmado de bendiciones. Y demos gracias a Dios por el don incomparable del matrimonio que Dios mismo ha concedido a la humanidad.

# Wedding

Sisters and brothers. The Rite of Matrimony, which you are witnessing today is full of external signs, of gestures through which the Church sets apart this solemn moment when the bride and bridegroom pronounce their vows and bring into being the act of mutual giving which constitutes the sacrament of matrimony. Today, we have come together to be witnesses of this moment when N and N express their desire to unite in this sacrament. The Church officially defines marriage as a covenant between a man and a woman for their own good and for the generation and education of children.

Before they pronounce these vows, I ask that you take a moment to think about this sacrament that we are about to witness. The first book of the Bible, Genesis, tells us that God said: "Let us make humankind in our image, according to our likeness." The author goes on to say: "So God created humankind in his image, in the image of God he created them; male and female he created them." And "God blessed them, and God said to them, "Be fruitful and multiply, and fill the earth". In this manner, God created the natural sacrament of matrimony.

In the Book of Tobit, Tobias and Sara, on their wedding night, pray to God asking him to have mercy on them and keep them safe during their married life, to give them long lives together full of happiness and love. Tobias and Sarah wanted their marriage to be a commitment that would include all of their lives for all of their lives. For them, marriage was a sacrament – an external sign of the grace that God gives them, through marriage, to strengthen them.

God is perfectly capable of blessing us with his grace without any external signs of doing so. But God knows that we are physical beings. We react better to physical signs than to mystical promptings. Jesus himself, having a human nature, use the physical world as an image of the holy grace which cannot be seen or touched. When Jesus attended the wedding in Cana, he blessed, through his presence the wedding that he was attending. Jesus already knew that marriage was sacred. In the Gospel of Saint Matthew, Jesus said: "Have you not read that the one who made them at the beginning 'made them male and female, ..." Then he goes on to say" For this reason a man shall leave his father and mother and be joined to his wife, and the two shall become one flesh'? So, they are no longer two, but one flesh. Therefore, what God has joined together, let no one separate." (Mt 19:4-6)

We, like our ancestors in the faith, the Jews, firmly believe that marriage is a sacrament created by God and based on faith and prayer. It is a natural sacrament created by God in the Garden of Eden which was elevated to a supernatural sacrament by Jesus. God continues to bless those who marry sacramentally, those who live their married live under God's loving gaze.

Adam and Eve were created for each other. Both of them made up the image and likeness of God. God created them to be complete; to complement each other; to form an unbreakable bond between them. For this reason, God created marriage.

Unfortunately, the first sin of pride that Adam and Eve committed, which today we call Original Sin, was the cause for their expulsion from the Garden of Eden. Nevertheless, of all the gifts which God had given them when they were created, he allowed them to retain on: the gift of being able to share all of their lives for all of their lives, the gift of marriage.

Sisters and brothers, let us give thanks to God for this wedding between N and N. Let us ask God to give them long lives together, that their marriage will be filled to overflowing with blessings. And let us also give thanks to God for the incomparable gift of marriage which God himself has given to humanity.

# Exequias

Este es un día muy doloroso para la familia y los amigos y compañeros de N. El dolor, la enfermedad y, sobre todo, la muerte nos ponen ante situaciones de la vida que nos hacen preguntarnos muchas preguntas que llegan al fondo de nosotros mismos. Supongo que es que todos amamos tanto la vida y somos muy vitalistas, que incluso cuando alguna enfermedad, algún accidente, pone en peligro la vida las preguntas nos llegan muy dentro. Y estas preguntas son mucho más serias cuando experimentamos una muerte en la familia o entre nuestros amigos o conocidos.

Dudamos. Y a veces hasta nos preguntamos. ¿Cómo es posible tanto dolor? ¿Será que Dios se ha olvidado de nosotros? ¿Será que ya no nos quiere? ¿Será que nos castiga?

Y es que la muerte siempre hace que tengamos que escoger, de decir sí o no, a nuestra fe.

Ahora estamos aquí como creyentes, es decir, desde nuestra fe nos enfrentamos a la realidad de la muerte. Y ¿qué hacemos aquí, como creyentes? Además de recordar a N. – su vida entre nosotros y su manera de vivir, sobre todo recordamos otro nombre y otra muerte, el nombre y la muerte de Jesús. Y le damos gracias a Dios porque la muerte de Nuestro Señor no fue inútil, sino que nos trae para nosotros la salvación. Y junto al nombre y la muerte de Jesús ponemos hoy el nombre de N. – y también otros nombres y otras muertes de nuestros seres queridos - y confesamos y creemos que tampoco esas muertes han sido inútiles o sin sentido. Estas muertes, unidas a la de Jesús, son también principio de salvación y vida.

Por eso los cristianos hacemos de esta reunión una celebración; no celebramos el poder de la muerte, que nos asusta. No celebramos que nuestra vida está siempre llena de muerte o amenazada por la muerte. Celebramos otra cosa bien distinta: que nuestra muerte está llena de vida al unirse a la muerte de Jesús. En medio del dolor lo que de verdad celebramos no es la muerte, sino la resurrección. La resurrección de Jesús. Pero no sólo ella. Celebramos también la resurrección de N, la de aquellos difuntos nuestros que siempre recordamos en nuestras oraciones, y, claro está, nuestra propia resurrección. Así que delante de la muerte, recordemos a la resurrección y alegrémonos por ella.

Cuando celebramos la Santa Misa, después de la consagración, decimos: "Anunciamos tu muerte. Proclamamos tu resurrección. Ven Señor Jesús". Y este es el gran anuncio que hoy nos da la fe. Cristo mismo nos dice: no se asusten, no tenga miedo. La muerte no es el final de la vida. Cristo Jesús nos espera a todos para darnos la recompensa que merecemos.

Para los que creemos en el Señor, la vida no se nos quita, se nos cambia. Se nos cambia por otra mejor y definitiva. Ya no será una vida amenazada por la muerte, ni por el dolor. Por eso para los creyentes la muerte de un ser querido es, sobre todo, un recuerdo de nuestra propia de resurrección. Claro está, tenemos muy claro siempre lo doloroso que puede ser la vida y la aceptamos con valor y sacrificio.

Así que cuando recordamos a N en nuestras oraciones, juntemos su nombre al nombre de Jesús, recordemos la resurrección que es nuestro destino y así puede ser que entendamos un poco mejor el sentido de la muerte en nuestra vida.

En este día tan triste para nosotros, confesemos y celebremos la resurrección de Jesús, que es confesar y celebrar nuestra propia resurrección.

# Funeral

Today is a very sorrowful day for the family and friends of N. Pain, sickness and, above all, death place in situations of life that make us ask questions that reach down into our very depths. I suppose this is because we all love life so much and we are so life-centered that even when a sickness, an accident, endanger our life we ask profound questions. And these questions are much more serious when we experience the death of a member of our family or of one of our friends or acquaintances.

We have doubts. And sometimes we ask ourselves: How is it possible that so much pain exists? Has God forsaken us? Has God stopped loving us? Is God punishing us?

Death always forces us to choose, to say yes or no, to our faith.

Today we are here as believers, in other words, today we face the reality of death through faith. So, what are we doing here as believers? Well, besides remembering N. - his/her life among us and his/her way of living, above all we remember another name and another death, the name and death of Jesus. And we thank God because Jesus' death was not in vain. It is the cause of our salvation. And together with the name and death of Jesus we remember the name of N. - and other names and deaths of our loved ones - and we declare that we believe that these deaths were not in vain, were not senseless. For these deaths, united to Jesus' death, are only the beginning of salvation and life.

That is why Christians make of this gathering a celebration, not that we celebrate the power of death, which scares us. We do not celebrate the fact that our life is full of deaths, or the possibility of death. We celebrate something completely different: that our death is life-filled when we unite it with the death of Jesus. Despite de pain we feel, the truth is that we do not celebrate death, we celebrate resurrection. The Resurrection of Jesus. But not that alone. We also celebrate the resurrection of N., of all of our own loved ones who we remember always in our prayers, and, of course, our own resurrection. So in the face of death, we remember the resurrection and we are gladdened by it.

When we celebrate the Holy Mass, after the consecration, we say: "Dying you destroyed our death, rising you restored our life. Lord Jesus, come in glory." And this is the great proclamation that our faith gives us today. Christ himself tells us: do not be frightened; do not be afraid. Death is not the end of life. Christ Jesus is waiting for all of us to give us the reward that we deserve.

For those of us who believe in the Lord, our life is not taken away, it is changed. It is completely changed for the better. It will no longer be a life prone to pain and death. For those who are believers the death of a loved one is, above all, a remembrance of our own resurrection. Of course, we know that the death of a loved one is painful but we try to accept it valiantly and with sacrifice.

So when we remember N in our prayers, let us join to his name the name of Jesus, let us remember that resurrection is our ultimate destiny and maybe we will be able to understand a little better what the meaning of death is in our lives.

On this day, which is so sad for us, let us celebrate the resurrection of Jesus, which is to say let us celebrate our own resurrection.

# Misa de Quinceañera

Hoy nos hemos reunido en comunidad para celebrar uno de los acontecimientos más bellos de la cultura Mexicana – La Misa de Acción de Gracias Quinceañera. Es una tradición que está ganando popularidad entre todos los grupos Hispanos de los Estados Unidos.

El origen de esta celebración sigue siendo un misterio. Algunos dicen que viene de la tradición Azteca. Bernardino de Sahagún escribió en su *Historia de Nueva España* que entre los Aztecas era tradicional conmemorar la transición de una doncella a mujer. En la ceremonia Azteca, se incluía una explicación de la seriedad de este acontecimiento. Durante la celebración una persona mayor explicaba a la quinceañera cuales eran las actitudes aceptables para un adulto que ella tenía que acatar desde ese momento en adelante. Otras personas dicen que esta celebración tiene sus raíces en las tradición de las familias judías de presentar a la doncella en el Templo. Allí mostraba ella, ante Dios, que estaba dispuesta a vivir una vida madura y a seguir los mandatos de su religión.

Hoy en día, esta tradición se celebra cuando una niña llega a los quince años de edad. Tradicionalmente se celebra con esta Misa de Acción de Gracias que estamos celebrando hoy. (Nombre) y su familia, amigos y amistades han venido a este templo libremente para dar gracias a Dios por el inmenso don que Dios les ha dado, que es la vida de (nombre). Nos alegramos todos con ella y por ella. Sus papás se alegran porque han visto a su hija crecer y madurar. Ahora ella está dispuesta a decirle a Dios que quiere seguirle, que quiere seguir sus mandatos durante toda su vida, que quiere ser una mujer cristiana responsable. Por eso viene hoy a consagrarse a Dios y a la Virgen María, que también fue niña y mujer y conoce las alegrías y las penas de todas las mujeres. Celebramos el futuro de (nombre) porque estamos seguros que ahora que se ha convertido en mujer Dios la seguirá bendiciendo con la gracia que necesita para vivir una vida adulta "como Dios manda", como se suele decir.

Los papás de (nombre) celebran este día. Fieles a las promesas que hicieron cuando la bautizaron, ellos han sido los primeros maestros de (nombre) en la enseñanza Católica cristiana. La han visto crecer en la fe y ahora la traen aquí para dar testimonio de su propia fe en Dios. Ellos le piden al Altísimo que, por mediación de la Santísima Virgen, (nombre) pueda seguir creciendo y madurando en la fe, que pueda seguir realizándose como mujer cristiana, que sepa pronto cuál será su vocación en esta vida y que siga ese llamado del Señor fielmente.

(Nombre), en nombre de la comunidad cristiana de esta parroquia, yo te doy la enhorabuena en este día tan importante en tu vida. Estamos dispuestos a ayudarte para que sigas madurando en la fe, para que sigas aprendiendo todo lo que tienes que saber para convertirte en una mujer adulta cristiana. Te ruego que sigas siendo fiel a todo lo que tus papás te han enseñado durante tu niñez, que sigas siendo fiel a todo lo que has aprendido de Nuestra Madre, la Iglesia, que sigas dando testimonio alegre y valiente de la fe que has heredado de tus papás, de tus abuelos, y de todos tus antepasados. ¡Que Dios te bendiga siempre!

# Quinceañera Mass

Today we have gathered together in community to celebrate one of the most beautiful events of the Mexican Culture – La Misa de Acción de Gracias Quinceañera. It is a tradition that is gaining popularity among all of the Hispanic groups in the United States.

The origins of this celebration continue to be a mystery. Some say that it comes from the Aztec tradition. Bernardino de Sahagún wrote in his *History of New Spain* that among the Aztecs it was tradition to commemorate the transition from young girl to woman. In the Aztec ceremony an explanation of the seriousness of the event was included. During the celebration, an older person would explain to the quinceañera what were the acceptable attitudes that she had to live by from that moment on. Other people say that this celebration has its roots in the Jewish family's tradition of presenting a young girl in the Temple. There she showed, before God, that she was ready to live a mature life and to follow the mandates of her religion.

Today, this tradition is celebrated when a girl reaches fifteen years of age. Traditionally it is celebrated with this Mass of Thanksgiving. (Name) and her family, friends and acquaintances have come to this temple freely to give thanks to God for the immense gift that God has given, which is (name)'s life. We are happy with her and for her. Her parents are joyful because they have seen their daughter grow and mature. Now she is ready to tell God that she wants to follow him, that she wants to follow his commandments during her life, that she wants to be a responsible Christian woman. That is why she comes today to consecrate herself to God as well as to the Virgin Mary, who was also a girl and a woman and who knows about the joys and pains that all women have. We celebrate (name)'s future because we are sure that, now that she is a woman, God will continue to bless her with the grace she needs to live an adult life "as God wills," as we usually say.

(Name)'s parents celebrate this day. Faithful to the promises that they made when they baptized her, they have been the first teachers of (name) in the Catholic Christian faith. They have seen her grow in the faith and now they bring her here to give testimony of their own faith in God. They pray to the Most High so that, through the intercession of the Most Holy Virgin, (name) can continue to grow and mature in the faith, so that she can continue developing as a Christian woman, so that she will soon know what her vocation in life will be and so that she will follow the Lord's call faithfully.

(Name), in the name of the Christian community of this parish, I congratulate you on this very important day in your life. We are prepared to help you so that you will continue to mature in the faith, so that you will continue to learn all that you need to know in order to become a mature Christian woman. I ask you to continue to be faithful to all that your parents have taught you during your childhood, to continue to be faithful to all that you have learned from Our Mother, the Church, that you continue to give joyful and valiant testimony of the faith that you have inherited from your parents, your grandparents and all of you ancestors. May God bless you always.

# Cuaresma/ Lent

## Miércoles de Ceniza

**Lecturas: 1) Joel 2, 12-18   2) 2 Corintios 5,20—6,2   3) Mateo 6,1-6. 16-18**

Hermanas y hermanos, la temporada de Cuaresma empieza hoy y durante estos días de Cuaresma debemos recordar de una manera especial la llamada que el Señor nos ha hecho a la conversión. Jesús busca en nosotros un corazón contrito que conoce sus faltas y sus pecados y está dispuesto a eliminarlos. Lo que busca verdaderamente en nosotros es el arrepentimiento y el amor. Nos pide que nos despeguemos de las cosas terrenas y que dejemos la vida de pecado.

La verdadera conversión se manifiesta en nuestra conducta, en nuestro comportamiento ante las pequeñas contrariedades de la vida y también en la frecuencia con la que recibimos los sacramentos de la Reconciliación y la Eucaristía. También nos pide un poco más de mortificación, especialmente en esta temporada. Nos está pidiendo que hagamos ayuno y abstinencia. Si hacemos esto, además de robustecer nuestro espíritu y darnos fuerzas para vencer las tentaciones, nos ayudará a encontrar al Señor en nuestra vida diaria. Lo que Nuestro Señor nos dice es que la conversión de nuestras vidas sólo se puede conseguir a través del sacrificio y la perseverancia.

Debemos considerar la Cuaresma como un tiempo de cambio y de esperanza. Debemos recordar constantemente que nos unimos a Cristo por el camino de la Cruz, que no podemos ser verdaderos cristianos sin cruz. No podemos vivir la Cuaresma sin seguir el verdadero camino que Jesucristo nos enseña, sin hacer una revisión auténtica de nuestra propia vida.

Un cristiano que pretenda llegar a Cristo sin cruz sería un cristiano solamente de nombre siguiendo un Cristianismo sin redención ni salvación. Sin sacrificio y sin cruz no tendrá ningún progreso hacia la vida interior. Un Cristiano que va por la vida huyendo del sacrificio nunca encontrará a Dios.

La Cuaresma proclama la misericordia que Dios tiene hacia nosotros que nunca se agota. Dios nos ofrece el perdón de nuestros pecados y nos pide que manifestemos una conversión verdadera con frutos de penitencia dignos.

Prometámosle a Jesús durante estos días de Cuaresma que estamos dispuestos a seguirle, hoy y todos los días de nuestra vida.

# Ash Wednesday

**Readings: 1) Joel 2:12-18   2) 2 Corinthians 5:20—6:2   3) Matthew 6:1-6, 16-18**

My brothers and sisters, the Lenten Season begins today and during these days of Lent we should remember in a special way the call to conversion that the Lord makes to each one of us. Jesus looks to us to find a contrite heart that recognizes its faults and it sins and is ready to eliminate them. Wheat he really looks for is repentance and love. He asks us to avoid earthly goods and leave the life of sin.

True conversion is shown in our conduct, in the way we act when small problems occur in life and also in the frequency of our reception of the sacraments of Reconciliation and Eucharist. He also asks us to do a little mortification, especially during this season. He asks us to fast and abstinence. IF we do this, besides strengthening our spirit and giving us strength to overcome temptations, it will help us to encounter the Lord in our daily life. What Our Lord tells us is that the conversion of our lives can only come about through sacrifice and perseverance.

We should consider let to be a time of change and of hope. We should remember constantly that we become one with Christ through the way of the Cross and that we cannot call ourselves true Christians without the Cross. We cannot live out Lent without following the true road that Jesus Christ shows us, without making an authentic change in our own lives.

A Christian who wants to approach Christ without the Cross will be a Christian only in name following Christianity without redemption or salvation. Without sacrifice and without the cross he or she will make no progress in their inner life. A Christian who goes through life refusing sacrifice will never encounter God.

Lent proclaims the mercy without end that God has for us. God offers us pardon for our sins and asks us to show a true conversion with fruits of true penance.

Let us promise Jesus during these days of Lent that we are ready to follow him today and all the days of our lives.

# Jueves Santo

**Lecturas: 1) Éxodo 12, 1-8.11-14   2) 1 Corintios 11, 23-26   3) Juan 13, 1-15**

Cada Jueves Santo en todas las iglesias católicas del mundo, nos reunimos los Católicos en comunidad para conmemorar la Ultima Cena de Nuestro Señor Jesucristo con sus discípulos. En el evangelio de hoy, San Juan nos recuerda que Jesús celebraba la Pascua con los suyos tal y cómo lo hacía en años anteriores. Pero aunque los discípulos no lo sabían, esta vez sería diferente por ser la última pascua del Señor antes de su vuelta al Padre y por los hechos que en ella sucederían. Nuestro Señor ya sabía que al día siguiente iba a morir.

La primera lectura nos explica porqué la Pascua era la más importante de las fiestas judías. La cena del día de Pascua era, y sigue siendo para los judíos, una conmemoración de la liberación del pueblo judío de la esclavitud de los egipcios. Nosotros celebramos la Pascua conmemorando la liberación conseguida por Nuestro Señor con su muerte y resurrección. La muerte de Jesús en la Cruz hizo posible nuestro paso de las tinieblas y la esclavitud del pecado a la libertad de ser hijos e hijas de Dios.

Durante aquellas últimas horas de la vida de Nuestro Señor sucedieron cosas singulares. Merece la pena recordarlas y meditar sobre ellas. Uno de estos acontecimientos fue el ejemplo sorprendente que Nuestro Señor dio a sus discípulos de humildad y de servicio. Mostrándoles el amor y la ternura que sentía por ellos, tomó agua y una toalla y lavó los pies de los apóstoles. De esta forma les dio un ejemplo del amor fraternal que debían tener los unos a los otros.

Según la costumbre de los judíos la cena pascual comenzaba a la puesta de sol. Seguramente fue al final de la cena cuando Jesús instituyó dos de los sacramentos primordiales de nuestra fe: la Sagrada Eucaristía y el Sacramento del Orden. Estos dos sacramentos están íntimamente ligados ya que sin uno no puede existir el otro. La Sagrada Eucaristía es el sacramento por el cual Nuestro Señor sigue presente entre nosotros en el Santísimo Sacramento del Altar. Sin sacerdotes no habría Eucaristía y sin la Eucaristía el sacerdocio perdería su razón de ser.

Lo que Jesús hizo por los suyos puede resumirse en esas breves palabras tan conocidas de San Juan: "Los amó hasta el extremo." Por eso, la noche en que fue entregado a sus verdugos, en vez de pensar en la pasión y muerte que seguramente sabía que iba a sufrir, se reunió con sus apóstoles y durante lo que hoy en día llamamos "La Ultima Cena", instituyó el sacrificio eucarístico de su cuerpo y su sangre para perpetuar por los siglos, hasta su vuelta, el sacrificio que iba a padecer en la cruz. De esa manera, confió a su amada Iglesia el memorial de su muerte y su resurrección. Al hacer esto, se aseguró que siempre estaría presente entre nosotros en la Sagrada Eucaristía.

La Eucaristía es el centro de nuestra fe por eso es tan importante para nosotros. Sin ella no somos ni Católicos ni cristianos. Dispongámonos ahora a presenciar el milagro de la Eucaristía y a recibir al Señor dignamente.

# Holy Thursday

**Readings: 1) Exodus 12:1-8, 11-14   2) 1 Corinthians 11: 23-26   3) John 13: 1-15**

Each Holy Thursday in all of the Catholic churches in the world, we Catholics gather together as a community to commemorate the Last Supper of Our Lord, Jesus Christ, with his disciples. In the Gospel Reading today, Saint John reminds us that Jesus celebrated the Passover with his friends just as he had done during past years. But even though the disciples did not know it, this would be different because it was the last Passover of the Lord before he returned to the Father and also because of what would occur during it (the Last Supper). Our Lord already knew that the next day he would die.

The First Reading explains to us why the Passover was the most important of the Jewish holydays. The supper of Passover day was, and continues to be for the Jews, a commemoration of the liberation of the Jewish people from Egyptian slavery. We celebrate the Easter to commemorate the liberation that Our Lord obtained for us with his death and resurrection. The death of Jesus on the Cross made possible our journey from the darkness and slavery of sin to the liberation of being sons and daughters of God.

During those last hours of the life of Our Lord unique things occurred. It is worth the time to remember them and meditate on them. One of the events was the surprising example that Our Lord gave to his disciples of humility and service. He showed them the love and the tenderness that he felt for them; he took water and a towel and washed the feet of the apostles. In this way he gave them an example of the brotherly love that they should have for each other.

It was the custom of the Jews to have the Passover supper begin at sunset. It was probably at the end of the meal when Jesus instituted two of the most important sacraments of our faith: Holy Eucharist and Holy Orders. These two sacraments are intimately tied together since one cannot exist without the other. Holy Eucharist is the sacrament in which Our Lord continues to be present among us in the Most Blessed Sacrament of the Altar. Without priests there is no Eucharist and without the Eucharist the priesthood loses its reason for existing.

What Jesus did for his friends could be summed up in those brief words of Saint John that are so well known: "He loved them to the end." That is why, the night on which he was betrayed to his executioners, instead of thinking of the passion and death that he surely knew that he would suffer, he gathered together with his apostles and during what we today call "The Last Supper" he instituted the Eucharistic sacrifice of his body and blood, so as to perpetuate, until his return, the sacrifice that he would suffer on the Cross. By doing this, he made sure that he would always be present among us in the Holy Eucharist.

The Eucharist is the center of our faith and, for that reason, it is so important to us. Without it we would not be Catholic or Christian. Let us prepare ourselves to witness the miracle of the Eucharist and to receive the Lord respectfully.

# Viernes Santo

Hoy, con este rito sencillo de la palabra, de la veneración de la Santa Cruz y de la Sagrada Comunión, todas las comunidades Católicas del mundo conmemoran la Pasión y Muerte de Nuestro Señor Jesucristo. Hoy es el único día de todo el año que no se celebra la Santa Misa en ninguna iglesia o comunidad Católica alrededor del mundo Y es porque cuando se está de luto, no se celebra, solo se conmemora.

La Crucifixión era una muerte tan cruel y humillante que desde los tiempos apostólicos hasta el día de hoy muchos se niegan a aceptar que Dios hubiera elegido esa muerte para su propio Hijo. Sin embargo desde los tiempos de los apóstoles, la Iglesia no ha tratado de suavizar la naturaleza de la muerte que padeció Nuestro Señor por nosotros. No puede hacerlo, porque realmente fue así como sucedió. Pero lo más terrible es que estos padecimientos físicos no fueron los únicos que sufrió Nuestro Señor. También sufrió el poder ver cómo le pagaría la humanidad por todos estos sufrimientos. Nuestro Señor sabía de antemano que, a pesar de todo lo que hizo por nosotros, muchos no llegarían a experimentar un arrepentimiento sincero. No llegarían a una conversión total de sus vidas. El ser humano sigue pecando.

Sin embargo sigue siendo verdad lo que dijo San Agustín: "En la criba de los sufrimientos es donde se hace la separación del grano y de la paja: el que se inclina bajo la cruz y se resigna amorosamente a la Voluntad de Dios, es el buen grano para el Cielo; y el que murmura, se irrita y se aleja por consiguiente del Buen Dios, es paja destinada al fuego".

# Good Friday

Today, with this simple rite of the word, of the veneration of the Holy Cross and Holy Communion, all Catholic communities worldwide commemorate the Passion and Death of Our Lord, Jesus Christ. Today is the only day in the year that Holy Mass is not celebrated in any church or Catholic community worldwide. And this is because when someone is in mourning, they do not celebrate, they commemorate.

Crucifixion was a death so cruel and humiliating that from apostolic times to today there are still some who deny that God would have chosen this type of death for his own Son. Nevertheless, from the time of the Apostles, the Church has not tried to soften the type of death that Our Lord suffered for us. She is incapable of doing so because that is what really took place. But the most terrible of the physical sufferings of Our Lord were not the only ones that he went through. He also suffered by seeing how humanity would repay him for all of that suffering. Our Lord knew beforehand that, in spite of all that he did for us, many would not experience true repentance. They would not experience a total conversion of their lives. Humanity continues to sin.

Nevertheless the words of Saint Augustine continue to be true: "It is in the sieve of suffering that the grain is separated from the chaff, whoever bows down before the Cross and is lovingly resigned to the Will of God, is the good grain destined for heaven, and whoever grumbles about, is irritated with or is distanced from the Good God, is chaff destined for the fire."

# Solemnidades y fiestas de Nuestro Señor, Nuestra Señora y los Santos

## Solemnities and Feasts of Our Lord, Our Lady and the Saints

### Sagrado Corazón de Jesús

**Lecturas:  1) Ezequiel 34, 11-16   2) Romanos 5, 5b-11   3) Lucas 15, 3-7**

Este viernes de la segunda semana después de Pentecostés, celebramos la Solemnidad del Sagrado Corazón de Jesús.

A través de la historia Nuestro Dios ha cuidado a la humanidad y nos ha ido enseñando, poco a poco, a caminar y a seguirle aunque esto a veces lo hacemos titubeando y con pasos vacilantes.  El Sagrado Corazón de Jesús nos muestra la realidad del amor eterno que Dios tiene por nosotros Nuestro Señor vela por nosotros sin cesar para que no tropecemos.  Y acude en nuestro auxilio siempre que lo pedimos.  Nos da muchísimas pruebas de su amor. Pero, a pesar de eso, muchas veces nos portamos como hijos ingratos y esas pruebas no nos impiden caer en el pecado.  Es muy probable que cualquier padre aquí en la tierra hubiera renegado de unos hijos tan ingratos como nosotros.  Los hubiera castigado fuertemente y abandonado a su suerte.  Pero el Señor no es así.  Su Sagrado Corazón no es como nuestros corazones human0s.  Perdona incansablemente.  Y no solo eso.  Es Él quien da siempre el primer paso, quien llama constantemente para que los pecadores vuelvan a Él.  Este es el mensaje que nos da el profeta Ezequiel en la primera lectura.

Durante el Año Sacerdotal Jubilar, convocado por el Papa Benedicto XVI con motivo del 150 aniversario de la muerte de San Juan María Vianney, el santo cura de Ars, patrono de los párrocos, el Papa escogió el tema "Fidelidad de Cristo, fidelidad del sacerdote". Al convocar este año jubilar, el Papa dijo que buscaba imprimir una renovación en la Iglesia basada en la santificación de los sacerdotes, especialmente a través de la oración. El Papa nos recordó a todos, y no solamente a los sacerdotes, que "siempre es fuerte la tentación de reducir la oración a momentos superficiales y apresurados, dejándose vencer por las actividades y las preocupaciones humanas". Y nos recuerda las palabras de San Juan Vianney: "Parece que algunos le dicen al buen Dios: 'no tengo más que un par de palabras que decirte, de manera que me voy a apresurar para luego alejarme de ti'".

La Solemnidad del Sagrado Corazón de Jesús nos muestra el amor tierno de Dios.  Acerquémonos a Él en oración con la audacia que da la confianza plena.  Él está en medio de nosotros con el corazón y los brazos abiertos para acogernos.

# Sacred Heart of Jesus

**Readings:  1) Ezekiel 34: 11-16   2) Romans 5: 5b-11   3) Luke 15: 3-7**

This Friday of the second week after Pentecost we celebrate the Solemnity of the Sacred Heart of Jesus.

Throughout history our God has taken care of humanity and has shown us, little by little, to walk on our own and follow him even though at times we do so wobbly and on shaky legs.  The Sacred Heart of Jesus shows us the reality of the eternal love that God has for us.  Our Lord watches over us without ceasing so that we do not stumble.  And he runs to our help when we ask him to do so.  He gives us many proofs of his love.  But, in spite of this, many times we act like ungrateful children and those proofs do not keep us from falling into sin.  It is probable that any earthly father would have disowned children as ungrateful as we are.  He would have punished them strictly and abandoned them to their own devices.  But the Lord is not like that.  His Sacred Heart is not like our human hearts.  He pardons untiringly.  And not only that - He is the one who always takes the first step, who calls out constantly so that sinners will return to him.  That is the message of the prophet Ezekiel in the First Reading.

During the Jubilee Year for Priests which coincided with the 150th anniversary of the death of St. Jean-Marie Vianney, the holy Curé of Ars, the patron saint of pastors, Pope Benedict XVI chose "Fidelity in Christ, Fidelity of the priest" as the theme. When he announced the convocation of this jubilee year, the Pope said that he wanted to bring about a renewal of the Church based on the sanctification of priests, especially through prayer. The Pope reminded us all, and not just priests, that "It is always easy to reduce prayer to superficial moments and rush it, letting yourself be overwhelmed by activities and human worries." And he reminds us that the St. John Vianney once said: "There are some who seem to speak to the Good Lord in this way: 'I only have two things to say to you, so I will do it quickly and then be on my way.'"

The solemnity of the Sacred Heart of Jesus celebrates the tender love of God.  Let us get close to him through prayer with the audacity that full confidence in him gives.  He is among us with his heart and his arms open to welcome us.

# Solemnidad De Nuestra Señora De Guadalupe

Queridos hermanos y hermanas: Hoy celebramos la fiesta de Nuestra Señora de Guadalupe. Cada país honra a la Madre de Dios bajo algún título. Al correr de los años esta Virgen se transforme en símbolo del alma de esos pueblos. Muchas personas consideran a la Virgen del Tepeyac, Nuestra Señora de Guadalupe, sencillamente como símbolo de la mexicanidad. Sin embargo, en 1910 la Virgen de Guadalupe fue declarada Patrona de Latinoamérica y en 1945 fue declarada como Patrona y Emperatriz de las Américas. En 1999 a petición de todos los obispos de las Américas el Vaticano declaró que la fiesta de Nuestra Señora de Guadalupe debe ser celebrada como tal en todos los países de las Américas.

El origen de la Virgen de Guadalupe es de todos conocido. Se remonta al año 1531. Los españoles trajeron a América la fe cristiana y el gran amor que tenían, y que siguen teniendo, a la Madre de Dios. La devoción a María se adueñó fácilmente del corazón de los indios. Quizá vieron en la dulzura y bondad de la Virgen nazarena un consuelo y una esperanza en medio de tantos atropellos que habían padecido de parte de los aztecas. Debemos recordar que los aztecas creían en dioses que cada año exigían miles de sacrificios humanos durante los ritos religiosos que celebraban.

Un indio humilde llamado Juan Diego fue enviado por la Virgen de Guadalupe al obispo para darle un mensaje de ella, pues ella quería que se le construyera una iglesia. El indio llevaba en su tilma o poncho un manojo de rosas del Tepeyac. Cuando Juan Diego mostró las rosas al obispo con señal de la veracidad de su mensaje, la imagen de la Virgen Guadalupana misteriosamente pintada en la tela ruda de la tilma, apareció milagrosamente.

Al llegar la cristiandad a México, chocó bruscamente con la mentalidad azteca que consideraba a todos los que no eran aztecas como una fuente de sacrificios a sus dioses sangrientos. Los arqueólogos y antropólogos nos dicen que durante los últimos años del imperio azteca el número de sacrificados cada año había a más de 5, 000. La mayoría de estos eran niños recién nacidos, considerados por los aztecas como la ofrenda más pura y apta para el sacrificio. Sin embargo, al desmantelar esta religión salvaje, los europeos no habían logrado convencer a los indios que solo había un verdadero Dios. Sin fe y sufriendo enfermedades traídas por los europeos cada vez más graves, los indios morían. Y entonces, de repente, apareció la Virgen María, diciéndole a Juan Diego que le gustaría que le edificasen una iglesia en su honor.

Lo que en realidad quería la Virgen que Juan Diego le dijera al señor obispo era que ella quería que fuese construida una iglesia que incluyera a todos, tanto gente importante como humilde, tanto europeos como indios. Desde entonces la Virgen ha estado presente aquí en las Américas acompañándonos tanto en los momentos de triunfo y alegría como en las horas de dolor, en las calamidades de la naturaleza o de la política, en las luchas y en las persecuciones.

La Virgen María es naturalmente, la Madre de la Iglesia universal, sin fronteras ni nacionalidades, pero al mismo tiempo es nuestra Madre, es parte de nuestra historia e identidad Hispana. Ella ha edificado su casa en nuestra tierra, vive en nuestros pueblos. Sus santuarios y ermitas se levantan junto al mar como faros de luz o cuelgan de las montañas como nidos de protección. Pero las torres de esos santuarios y ermitas apuntan al cielo como símbolo del papel que María desempeña en nuestras vidas. Ella nos lleva a Cristo, que es el Camino, la Verdad y la Vida. A nosotros nos corresponde vivir todo lo que María simboliza en nuestra fe cristiana: fidelidad y obediencia a Dios, colaboración en la tarea de redención en nuestras comunidades, constancia en las horas de dolor cuando hay que estar de pie junto a la cruz, y fe, que es, en realidad, compromiso y entrega a Jesucristo.

# Solemnity of Our Lady of Guadalupe

My dear brothers and sisters. Today we celebrate the feast day of Our Lady of Guadalupe. Each country honors the Mother of God under some title. Through the years this Virgin begins to symbolize the soul of those peoples. Many people consider that the Virgin of Tepeyac, Our Lady of Guadalupe, simply symbolizes the Mexican spirit. Nevertheless, in 1910 the Virgin of Guadalupe was declared Patroness of Latin America and in 1945 she was declared Patroness and Empress of the Americas. In 1999, at the request of the bishops of the Americas, the Vatican declared that the feast of Our Lady of Guadalupe would be celebrated as such in all of the countries of the Americas.

The origin of the Virgin of Guadalupe is known by all. It goes back to the year 1531. The Spanish brought to America the Christian faith and the great love that they had, and continue to have, for the Mother of God. The devotion to Mary easily won the hearts of the Indians. Maybe what they saw in the sweetness and kindness of the Nazarene Virgin was consolation and hope in the midst of so many outrages that they had suffered under the rule of the Aztecs. We should remember that the Aztecs believed in gods who every year demanded thousands of human sacrifices during the religious rites that were celebrated.

A humble Indian named Juan Diego was sent by the Virgin of Guadalupe to the bishop with a message from her, for she wanted to have a Church built. The Indian took in his tilma or poncho a bunch of the roses from Tepeyac. When Juan Diego showed the roses to the bishop as a symbol of the truth of his message, the image of the Guadalupan Virgin mysteriously painted on the crude clothe of the tilma miraculously appeared.

When Christianity came to Mexico, it collided sharply with the Aztec mentality that considered that anyone who was not Aztec was a source of sacrifice to their blood loving gods. Archeologists and anthropologists tell us that during the last years of the Aztec empire the number of people sacrificed every year had reached more than 5,000. The majority of these were newborn children, considered by the Aztecs to be the most pure and appropriate for sacrifice. Nevertheless, when they dismantled this savage religion, the Europeans could not convince the Indians that there was only one true God. Without faith and suffering from sicknesses brought by the Europeans which were growing in seriousness the Indians died. And then, suddenly, the Virgin Mary appeared, telling Juan Diego that she wanted to have a Church built in her honor.

What the Virgin really wanted Juan Diego to say to the bishop was that she wanted to have a Church built up that would include all, important people and poor people, Europeans and Indians. Since then the Virgin has been present here in the Americas during our moments of triumph and joy as well as the hours of pain, during natural and political calamities, during the struggles and the persecutions.

The Virgin Mary is of course the Mother of the Universal Church, regardless of borders or nationalities, but at the same time she is our Mother, she is part of our Hispanic history and identity. She has built her home in our lands, she lives in our towns. Her sanctuaries and chapels rise up by the sea like beacons of light or cling to mountainsides like nests of protection. But the steeples of those sanctuaries and chapels point to the sky as a symbol of the role that Mary plays in our lives. She takes us to Christ, who is the Way, the Truth and the Life. It is up to us to live all that Mary symbolizes in our Christian faith: fidelity and obedience to God, cooperation in the work of redemption in our communities, constancy in the hours of sorrow when we have to be at the foot of the Cross, and faith which is, in reality, a pledge and a surrender to Jesus Christ.

# Solemnidad de San José

Hoy, Solemnidad de San José, es fiesta grande en muchos países de habla Hispana. En algunos, además de celebrar el día del santo, celebran también el Día del Padre.

La Sagrada Escritura nos dice que San José recibió de Dios la misión de cuidar y proteger a la Virgen María y a Nuestro Señor Jesucristo durante los años difíciles que pasaron en Egipto y en Nazaret. San José cumplió la misión recibida de Dios. Las promesas del antiguo testamento del nacimiento del Mesías se realizaron en Jesús a través de San José.

Dios espera de nosotros la misma fidelidad y obediencia cumpliendo, igual que San José, nuestra misión aquí en la tierra. A nosotros se nos ha encomendado cuidar y proteger nuestra fe cristiana y Mariana en un mundo que cada día está más alejado de la adoración a Cristo y la veneración a la Santísima Virgen María.

San José nunca dejó la misión a la que fue encomendado. Fue esposo y padre ejemplar. Dios se apoyó en él y no le defraudó. San José mantuvo firme, a pesar de las circunstancias difíciles que tuvo que vivir durante su vida.

Dios también se apoya en nosotros y espera que, como hizo San José, le seamos fieles en nuestro ministerio. Tratemos de no defraudarle.

# Solemnity of Saint Joseph

Today, the Solemnity of Saint Joseph is a great feast day in many counties where Spanish is spoken. In some, besides celebrating the saint's day, they also celebrate Father's Day.

The Holy Scripture tells us that Saint Joseph received from God the mission of taking care of and protecting the Virgin Mary and Our Lord, Jesus Christ, during the difficult years they spent in Egypt and in Nazareth. Saint Joseph carried out the mission he received from God. The promises of the Old Testament about the birth of the Messiah came true through Saint Joseph.

God expects from us the same fidelity and obedience in carrying out, as Saint Joseph did, our mission here on earth. To us has been given the task of taking care of and protecting g our Christian and Marian faith in a world that has distanced itself every day more from adoring Christ and venerating the Most Holy Virgin Mary.

Saint Joseph never abandoned the mission which had been given to him. He was an exemplary husband and father. God depended on him and God was not let down. Saint Joseph stood firm, in spite of the difficult circumstances which he had to go through during his life.

God also depends on us and he hopes that, like Saint Joseph, we will be faithful to our ministry. Let us try not to let him down.

# Fiestas Civiles EEUU/ Civil Holidays USA
## Día de Independencia – 4 de Julio

Hermanas y hermanos, hoy, como todos sabemos, celebramos en este país el Día de la Independencia. La Iglesia sugiere que hoy celebremos la misa dando gracias por la justicia, la paz y la libertad que disfrutamos en este país. La Iglesia nos recuerda que toda la predicación de Jesucristo, Nuestro Señor, es una llamada a la justicia, a la misericordia y a la libertad. En gran parte de la humanidad se oye un fuerte clamor por una mayor justicia, por una paz mejor asegurada y por una libertad en un ambiente de respeto mutuo entre los seres humanos y entre los pueblos. Este deseo del género humano de construir un mundo mejor en el que se respete más al individuo es parte muy fundamental del hambre y sed de justicia que debe existir en el corazón cristiano y que Jesús enfatizaba en sus predicaciones. La iglesia, fiel a las enseñanzas de la sagrada escritura nos anima a unirnos a este clamor por la paz, la justicia y la verdadera libertad en el mundo. Nos enseña a convertirlo en una oración que llegue hasta nuestro Padre Dios. Nos impulsa a vivir las exigencias de justicia en nuestra vida personal, a luchar por la paz en todos los países del mundo. Y nos dice que debemos salir en defensa de quienes, por ser más débiles, no pueden hacer valer sus derechos humanos. Porque mientras hay personas marginadas por la sociedad, no existe la verdadera libertad humana.

Pero también hay que recordar que no son propios de un cristiano las lamentaciones estériles. Nuestro Señor, en lugar de quejas inútiles, quiere que hagamos algo, que desagraviemos por las injusticias que cada día se cometen en el mundo y que remediemos todas las que están a nuestro alcance. A veces esta tarea nos parece demasiado difícil. Y nos preguntamos ¿Cómo podemos remediar todos los males que hay en el mundo? El cristiano, en su anhelo de construir un mundo más ejemplar, debe comenzar dando a cada uno lo que le pertenece, siendo justo con todo el mundo. Así vivieron los primeros cristianos desde los comienzos de nuestra fe Católica.

No es de extrañar que a pesar de las persecuciones de los poderes públicos, los cristianos trataban siempre de seguir las leyes del imperio, siempre que no iban contra la ley divina. San Pablo le dijo a Timoteo que todas las comunidades cristianas deben hacer "peticiones, oraciones, súplicas y acciones de gracias por... los jefes de estado y todos los gobernantes, para que podamos llevar una vida tranquila y de paz, con toda piedad y dignidad". (1 Tim 2,1-2) De hecho, el Concilio Vaticano Segundo nos recuerda que tenemos derechos y deberes cómo ciudadanos de cualquier país y que entre los deberes está el promover el bien común (Gaudium et spes, 75). Por eso sería una gran irresponsabilidad, una falta grave contra la justicia, apoyar organizaciones o personas que no respetan en su actuación los fundamentos de la ley natural y de la dignidad humana: los que apoyan el aborto y el divorcio, los que maltratan a los extranjeros y los de otras creencias o razas simplemente porque son diferentes y los que menosprecian a la familia diciendo que es una institución pasada de moda.

Hoy nos unimos al deseo tan humano y tan cristiano de una mayor justicia. Hagamos el propósito de cuidar, junto a la justicia, las virtudes naturales y sobrenaturales que la enriquecen, principalmente, la fe y la caridad. La fe porque es a través de ella que reconocemos el verdadero valor de la persona y la caridad porque nos lleva a comprometernos con nuestro prójimo ya que vemos en el prójimo al mismo Cristo. Pidamos al Señor más justicia para que haya más paz y démosle gracias por la libertad que disfrutamos en este país. Pero sobre todo, reconozcamos que tenemos la obligación de llevar las exigencias del evangelio a nuestra propia vida, a la vida familiar y, si podemos, a la vida pública.

# Independence Day – 4th of July

My sisters and brothers, today, as we all know, we celebrate in this country Independence Day. The Church suggests that today we celebrate the Mass giving thanks for the justice, peace and liberty that we enjoy in this country. The Church reminds us that all the preaching of Jesus Christ, Our Lord, is a call to justice, mercy and freedom. In a great part of humanity a great cry can be heard for more justice, for assured peace and for freedom in an atmosphere of mutual respect between human beings and between peoples. This desire of the human race to build a better world in which there is more respect for the individual is part of the fundamental hunger and thirst for justice that should be present in the Christian heart and which Jesus emphasized in his preaching.

The Church, faithful to the teachings of Holy Scripture, encourages us to become a part of this clamor for peace, justice and true freedom in the world. She shows us how to convert that clamor into a prayer that reaches up to God, our Father. She urges us to live our lives justly, to struggle for peace in all of the countries of the world. and she tells us that we should defend those who, because they are weaker, cannot stand up for their own human rights. Because as long as there are people who have been marginalized in society, true human freedom does not exist.

But she also reminds us that Christian should not pour out sterile lamentations. Our Lord, instead of useless complaints, wants us to do something, to make up for the injustices that each day take place in the world and he wants us to come up with remedies for as many as we can. Sometimes this task can seem to be too difficult. And we ask ourselves, how can we correct all of the evil that there is in the world. Christians, in their need to build a better world, can begin by giving to everyone what belongs to the, being just with everyone. That is how Christians have lived since the beginnings of our own Catholic faith.

We should not be surprised to see that in spite of the persecutions that they suffered at the hands of the civil authorities, Christians always tried to follow the rules of the Empire, as long as it did not go against divine law. Saint Paul told Timothy that all Christian communities should offer up, "supplications, prayers, petitions, and thanksgivings ... for everyone, for kings and for all in authority, that we may lead a quiet and tranquil life in all devotion and dignity." (1 Tim 2:1-2) In fact, the Second Vatican Council reminds us that we have rights and responsibilities as citizens of any country and that among those responsibilities is to provide for the common good (Gaudium et spes, 75) . That is why it is a great responsibility, a grave sin against justice, to support organizations or people who, through their actions, show that they do not respect fundamental divine law nor human dignity: those who support abortion and divorce, those who mistreat immigrants or those who have differing beliefs or are of other races simply because they are different or those who belittle the family as if it were an institution that is out of date.

Today we unite with those who seek greater justice, a desire that is very human and very Christian. Let us promise to protect together with justice, those natural and supernatural virtues that enrich it, principally faith and charity. Faith because it is through it that we come to recognize the true value of each person and charity because it makes us support our neighbor because we see in him or her Christ himself. Let us ask the Lord for more justice so that there will be more peace and let us give him thanks for the freedom that we enjoy in this country. But, above all, let us recognize that we have an obligation to take those values that the gospel demands of us and make them part of our own lives, our family life and, if we can, of public life.

# Día de Acción de Gracias

**Lecturas: 1) Eclesiástico 50, 22-24  2) 1 Corintios 1, 3-9  3) Lucas 17, 11-19**

Estamos aquí reunidos celebrando el Día de Acción de Gracias. Es una fiesta de gran significado para este país y para los que en él vivimos. En este día hay algo grande que nos toca a todos en el corazón y que nos alienta el deseo de reunirnos con nuestros seres queridos y amigos para compartir una cena especial y para seguir reanudando los lazos familiares y sociales.

Hoy nos reunimos para dar gracias a Dios Todopoderoso por sus muchas bendiciones. Junto con nuestros seres queridos, recordamos los acontecimientos que han ocurrido durante el año. Pero también recordamos el año 1621 que dio origen a esta fiesta. Comenzó en ese año, cuando los llamados "Peregrinos", protestantes de origen inglés, dieron gracias por la primera cosecha que habían recogido en el nuevo mundo. Vinieron a América huyendo de la persecución, en busca de la libertad religiosa. Pero entre ellos también había otros muchos sin afiliación religiosa alguna, que eran solamente miembros de la empresa colonizadora. No vinieron con ellos católicos, ya que los católicos no fueron santos de su devoción.

El festejo central en ese primer Día de Acción de Gracias fue la comida preparada con los frutos de la tierra recolectados en la cosecha y la carne de las aves silvestres que habían cazado. Hicieron un verdadero banquete rústico que compartieron con sus vecinos los indios. La naturaleza les había proporcionado su abundancia y ellos habían cooperado cultivando la tierra. Vemos aquí un ejemplo de cooperación entre ser humano y naturaleza. Debemos prestar atención, especialmente hoy, en las oraciones del sacerdote durante el Ofertorio: "Bendito seas, Señor del universo, por este pan, fruto de la tierra y del trabajo del hombre, que recibimos de tu generosidad y ahora te presentamos... y por este vino, fruto de la vid y del trabajo del hombre... ". Estas palabras nos sirven para recordarnos que los recursos naturales de este mundo son un don de Dios y que debemos utilizarlos por el bien de todos y la alabanza de Dios.

A través de los años después de la llegada de los Peregrinos, millones de personas han venido a nuestro país, de Europa, de África, de Asia y de América Central y del Sur. Y aunque la mayoría de ellos encontraron una buena acogida, muchos de estos peregrinos modernos no tuvieron la misma suerte. Algunos de ellos fueron víctimas de hostilidad y de perjuicios. Pero lo más denigrante de todo es que algunos de ellos reaccionaron tratando del mismo modo a otros inmigrantes.

Aunque los primeros peregrinos, fundadores de esta fiesta, no fueron católicos, los tratamos como si fueran nuestros antepasados. Esta fiesta nos recuerda que también nosotros hemos venido a este país como peregrinos. Los católicos somos un pueblo peregrino que se encamina hacia su verdadera patria. Quizás por eso nos gusta mucho el Día de Acción de Gracias. Lo hemos integrado a nuestras propias vidas y lo disfrutamos dando gracias a Dios por los bienes que nos permite disfrutar en este país.

# Thanksgiving Day

**Readings: 1) Sirach 50:22-24  2) 1 Corinthians 1:3-9  3) Luke 17:11-19**

We gather here to celebrate Thanksgiving Day.  It is a holiday of great importance for this country and for those of us who live here.  On this day, something great occurs that touches all of our hearts and inspires in us the desire to get together with our loved ones and friends, share a special meal and renew family and social ties.

Today we gather together to give thanks to God Almighty for his many blessings.  Together with our loved ones, we recall the events that occurred during the last year.  But we also recall the year 1621 which was when this holiday originated.  It began in that year when the so-called "Pilgrims," English Protestants, gave thanks for the first harvest that they had in the new world.  They came to America fleeing persecution, looking for religious liberty.  But among them there were also many others without any religious affiliation, who were members of the colonization effort.  They did not come with Catholics because Catholics were not people they liked.

The central celebration of this first Thanksgiving Day was a meal prepared from the fruits of the earth harvested and the meat of wild fowl that they had hunted.  They had a truly country banquet that they shared with their Indian neighbors.  Nature had given them her abundance and they had cooperated by cultivating the earth.  We see here an example of cooperation between humanity and nature.  We should pay attention, especially today, when the priest says during the offertory; "Blessed are you Lord of all creation, for this bread, fruit of the earth and work of human hands, that we receive through your generosity and that we now present to you ... and for this wine, fruit of the vine and work of human hands... ."  These words remind us that the natural resources of this world are a gift of God and that we should use them to benefit all and to praise God.

Through the years that have passed since the arrival of the Pilgrims, millions of people have come to this country, from Europe, from Africa, from Asia and from Central and South America.  And even though the majority of them receive a warm welcome, many of these modern-day pilgrims are not as lucky.  Some of them are victims of hostility and prejudice.  But the worst part of all is that some of these same people react the same way when they come into contact with other immigrants.

Even though the first Pilgrims, originators of this holiday, were not Catholics, we treat them as if they were our ancestors.  This holiday reminds us that we have also come to this country as Pilgrims.  We Catholics are a pilgrim people who are on a journey to our true home.  Maybe that is the reason that we like Thanksgiving Day so much.  We have made it part of our own lives and we enjoy giving thanks to God for everything he allows us to enjoy in this country.